Jörg Meuthen & Rainer Rothfuß (Hrsg.)

EUROPA
Zukunft sichern

Impressum

Jörg Meuthen & Rainer Rothfuß (Hrsg.)

EUROPA
Zukunft sichern

Titelbild i-Stock-Fotografie-ID: 648705540 / RomoloTavani

1. Auflage 2019

© Copyright dieser Ausgabe by
Gerhard Hess Verlag, 88427 Bad Schussenried
www.gerhard-hess-verlag.de

Printed in Europe

ISBN 978-3-87336-645-9

Jörg Meuthen & Rainer Rothfuß (Hrsg.)

EUROPA

Zukunft sichern

Für ein Europa
des Friedens und der Freiheit

Inhalt

Max Otte

Vorwort

Keine europäische Nation ist im globalen Spiel stark genug, sich alleine zu behaupten. Nur durch eine wie auch immer geartete Zusammenarbeit haben wir eine Chance. Zudem bilden die Länder Europas eine Wertegemeinschaft. In Fragen wie der Todesstrafe, der gesellschaftlichen Solidarität, des Datenschutzes und der Anwendung des Vorsorgeprinzips im Verbraucherschutz unterscheiden wir uns deutlich von den USA. Europa ist die Wiege der modernen Welt, von hier gingen die maßgeblichen Ideen und Impulse aus, und hier wird sich das Schicksal der globalen Welt entscheiden. Die Frage ist nur, ob wir dabei eine passive oder eine aktive Rolle spielen werden, ob wir (Mit-)Gestalter oder Objekt sein wollen.

Wir brauchen also Europa. Doch den Menschen in Deutschland und anderen Ländern Europas wird zunehmend klar, dass es diese EU nicht sein kann. Die Tendenzen zum bürokratischen und antidemokratischen Superstaat sind unübersehbar. Die Mitglieder einer über Recht und Gesetz stehenden Elite agieren selbstherrlich und abgehoben. „Wenn-es-ernst-wird-muss-man-lügen"-Jean Claude Juncker verkörpert diese Haltung. Und nutzte seine Position schamlos aus, um als Lobbyist des eigenen Landes, der Steueroase Luxemburg, zu agieren. Mitarbeiter von EZB und ESM genießen Immunität vor Strafverfolgung. Obwohl schon andere darauf hingewiesen haben, kann ich nicht umhin, noch einmal festzuhalten, dass die Regierungsmitglieder der EU „Kommissare" heißen – wie damals in der Sowjetunion.

Als Kommissionspräsident Jacques Delors 1988 seinen „Delors-Plan" vorstellte, fand ich das Konzept einleuchtend. Statt durch neue staatliche Verträge hochtrabende Ziele zu verfolgen, wollte Delors durch Harmonisierung von Gesetzen und Regelungen ein Europa von unten bauen. Heute weiß ich, dass wir da einem folgenschweren Irrtum erlegen sind. In den Kernfragen der Reform der europäischen Institutionen sind wir nicht vorangekommen, dafür stranguliert die Regelungswut der Brüsseler Bürokratie die Länder und Völker Europas immer mehr.

Später waren es vor allem zwei Ereignisse, die die Europäische Union in eine Sackgasse, wenn nicht in den Abgrund führten: die deutsche Wiedervereinigung und die Euro-Krise. Im Zuge der Wiedervereinigung nötigte eine haushoch überlegene französische Diplomatie Deutschland den Euro und die Währungsunion ab; laut Francois Mitterand war das „der Versailler Vertrag ohne Krieg." Für diese Währungsunion war Europa in keiner Weise bereit, denn die Grundvoraussetzungen, die Mobilität von Kapital, Waren, Dienstleistungen und Menschen, fehlten. Die Eurokrise war vorprogrammiert und absehbar. Bereits im April 1998 sagte ich bei einem Vortrag an der Boston University erhebliche Probleme für den Euro und ein Scheitern der Institutionen von Brüssel voraus.[1]

Zunächst allerdings näherte sich das Zinsniveau der unterschiedlichen Länder an. Viele Ökonomen sahen dies als positives Zeichen: der Euro funktioniert! Aber die Zinskonvergenz führte zu massiven Kapitalströmen in den Süden, wo die Einheitszinsen zu niedrig waren, und gleichzeitig zu Investitionsstau und stagnierenden Reallöhnen im Norden, wo sie zu hoch waren. Vor allem Deutschland war betroffen. Nach der Finanzkrise und der folgenden Eurokrise 2008 drehten sich die Kapitalströme um. Nun floss das Kapital aus dem Süden ab. Eine schwere Depression folgte, die bis heute anhält – mit Jugendarbeitslosigkeit von 30, 40 und regional mehr Prozent. Jetzt haben wir Mobilität: Junge Menschen kommen aus Not in den Norden, weil sie in Griechenland, Spanien oder Italien keine Perspektive haben. Aber so zynisch wollten wir Europa nicht bauen!

Bis heute machen die Eliten weiter, als sei nichts gewesen. Im Gegenteil: anstatt die dysfunktionalen und demokratiefeindlichen Institutionen der EU zu reformieren, satteln sie immer noch einen drauf. Über die Target2-Salden – zinslose Kredite der Europäischen Zentralbank, die nur als kurzfristige Überziehungskredite gedacht waren – lieh alleine Deutschland dem Süden rund eine Billion Euro. Finanziert werden damit keine Reformen, sondern Kapitalflucht, die Aufrechterhaltung der aktuellen Misere und des Status Quo. Ganze Länder wie Griechenland werden vom Markt genommen, damit der menschenfeindliche EU-Zentralismus weiter wuchern kann. Und die Antwort darauf ist immer mehr Zentralismus – Bankenunion, Fiskalunion, Haftungsunion. „Vorwärts immer, rückwärts nimmer" – der Spruch der alten DDR-Kader trifft auch auf die EU-Eliten zu.[2] Fast scheint es, dass die Migrationskrise den Eliten in die Hände spielt, weil sie damit die Einzelstaaten weiter schwächen und den Zentralstaat stärken können.

Aber die EU brodelt: Ausgerechnet im Kernland Frankreich gehen seit Monaten die Gelbwesten auf die Straße, um gegen den selbstherrlich agierenden Sonnenkönig Emmanuel Macron zu demonstrieren. Macron lässt als Antwort mit Gummigeschossen auf Bürger schießen, weil er am Ende seiner Weisheit ist. In England spielt sich vor unseren Augen das Brexit-Drama ab. Vielleicht wird sich noch während dieses Buch in Druck geht, entscheiden, wie es ausgeht. Aber auch hier findet ein Spiel zwischen den mit großen Finanzmitteln und massiver Propagandakraft ausgerüsteten Eliten, die mehrheitlich für einen Verbleib sind, und der Mehrheit des britischen Volkes statt. In der Sendung Markus Lanz gab ich dem Brexit deshalb bereits im Juni 2016 eine Chance von nur 50 Prozent. Im Osten scheren die Visegrád-Staaten aus der gemeinsamen Flüchtlingspolitik aus und sind trotz Repressionen und Drohungen seitens der westlichen Staaten nicht umzustimmen. In Italien kommt mit einem Querfrontbündnis von linken und rechten „Populisten" eine Regierung ins Amt, die durch ihr Veto die unsägliche EU-Schleppermission im Mittelmeer beendet.

Diese EU ist am Ende. Deutschland hat daran eine Mitschuld. Die gegenwärtige Misere ist auch darin begründet, dass das größte Land Europas seine eigenen Interessen nicht klar definiert hat und seit Jahrzehnten darunter leidet, dass es eine „gewohnheitsmäßige Vermischung von deutschen und europäischen Interessen" gibt, so der britische Deutschlandexperte Timothy Garton Ash.[3] Wer aber seine Interessen nicht kennt, ja gar nicht kennen will, und demzufolge auch nicht verteidigt, der wird dafür nicht geliebt, sondern ausgenutzt. Und vielleicht sogar verachtet. Immer, wenn von Deutschland international zum Beispiel mehr „Leadership" gefordert wurde, konnte man sicher sein, dass es um deutsches Geld geht oder darum, dass Deutschland weitere Rechte abtritt.

Im Grunde hat die Europäische Union zwei große Konstruktionsfehler: Sie krankt zum einen daran, dass sie nach wie vor eine intergouvernementale, also zwischenstaatliche Konstruktion ist. Allerdings ist sie eben nicht ein schlanker Koordinationsmechanismus zwischen Einzelstaaten, wie es früher etwa GATT war, sondern greift über Gesetze, Verordnungen und eine aufgeblähte Verwaltung massiv in die Gesellschaften und Wirtschaft ein. Es ist eine nach französischem Muster gestrickte EU, in der „Dirigisme" (Zentralsteuerung) und „Planification" (Planwirtschaft) dominieren. So kann sich Frankreich durch seine überlegene Diplomatie und seine überlegenen Diplomaten einen überproportional hohen Einfluss sichern.

Bisher erweist sich die deutsche Sehnsucht, die Länder Europas in einer voll demokratisch legitimierten Union aufgehen zu lassen, als naiv. Das Europäische Parlament hat immer noch nicht alle Rechte eines Parlaments, die demokratische Gleichberechtigung der Bürger an den Wahlurnen ist nicht gegeben.

Zudem krankt Europa daran, dass der zentrale Deal zwischen Frankreich und Deutschland immer unausgewogen war. Frankreich wollte die deutsche Währung und Wirtschaft vergemeinschaften, nicht aber die französische Militärmacht oder den ständigen Sitz im UN-Sicherheitsrat. Im Jahre 1954 scheiterte so die bereits vom Bundestag beschlossene Europäische Verteidigungsunion in der französischen Nationalversammlung. Damit ist Europa heute nicht weiter als vor 65 Jahren. Alle Pläne für eine EU-Armee laufen derzeit darauf hinaus, dass diese ein NATO-Anhängsel wird und den verbliebenen Rest nationaler Souveränität abschafft. So kann europäische Unabhängigkeit nicht gelingen.

Der Kontinent steht vor einer Zerreißprobe. Die alten Rezepte helfen nicht weiter. Die Menschen in Italien, England, Polen, Ungarn und Frankreich sagen nein zu den selbstherrlichen Praktiken des EU-Apparats. Es ist deswegen unbedingt zu begrüßen, dass sich auch in Deutschland eine politische Kraft etabliert hat, die Europa neu denken will. Nur durch solche neuen politischen Impulse kann es eine Chance geben, die Irrwege der letzten dreißig Jahre hinter uns zu lassen. Dazu gehört eine nüchterne Bestandsaufnahme deutscher Interessen, und erst im zweiten Schritt ein Interessenausgleich mit unseren Nachbarn. Es werden Investments und Institutionen „abgeschrieben" werden müssen, ganz sicher die Target2-Salden, vielleicht sogar der Euro. Die unsägliche Praxis mit zwei Sitzen für das Europäische Parlament muss beendet werden. Die Liste ist lang und kann beliebig fortgesetzt werden.

Ich wünsche allen Kräften, die für ein neues, demokratisches und starkes Europa der Vaterländer kämpfen, viel Erfolg!

---

[1]   Max Otte (1998): The Euro and the Future of the European Union. American Council on Germany, Occasional Paper #6, New York.

[2]   Erich Honecker zitierte diesen Spruch als „in der Gründerzeit der DDR geprägte Losung" in der Festansprache zum 40. Jahrestag der DDR, 7. Oktober 1989.

[3]   „Habitual conflation of German and European interests", Timothy Garton Ash (1994): Germany's Choice. Foreign Affairs, Vol. 73, 4, S. 71.

Jörg Meuthen

Für ein Europa der Vaterländer

Der zweite Weltkrieg hinterließ nicht nur gigantische Verwüstungen und Millionen von Todesopfern, sondern auch einen bis heute nicht endgültig aufgelösten Konflikt zwischen Ost und West. Mehrere Generationen lebten in einem vom „Eisernen Vorhang" feindselig gespaltenen Europa. Nirgends aber war diese Teilung spürbarer als in Deutschland. Diese Erfahrung hat kaum eine Nation stärker geprägt als unsere. Während der Zeit des „Kalten Krieges" waren es vor allem große Staatsmänner, wie der französische Präsident Charles de Gaulle, die mit ihrer Vision von einem „Europa der Vaterländer" den Ost-West-Konflikt überwinden und ein „Europa vom Atlantik bis zum Ural" schaffen wollten. Diese Europa-Vision war vor allem eine Freiheits-Mission.

Die „vertikale" Vertiefung – eine neue Phase der europäischen Integration

Der Fall der Berliner Mauer markiert nicht nur das Ende der deutsch-deutschen Teilung, sondern koinzidiert auch mit einer neuen Phase im „Prozess der europäischen Integration".

Die europäische Integration war ausgehend von der Gründung der „Montanunion" (Europäischen Gemeinschaft für Kohle und Stahl, kurz EGKS) ursprünglich ein sinnvoller

Prozess des Abbaus von Handelsbeschränkungen mit dem (Fern-)Ziel eines europäischen Binnenmarktes. Freier Warenverkehr, Personenfreizügigkeit, Dienstleistungsfreiheit sowie der freie Kapital- und Zahlungsverkehr sind die im EWG-Vertrag von 1957 angestrebten „vier Grundfreiheiten" des europäischen Binnenmarktes.

Während der bloße Abbau von Handelshemmnissen als „negative Integration" bezeichnet werden kann, sind die „vier Grundfreiheiten" eines vollkommenen Binnenmarktes in diesem Sinne nur um den Preis einer gewissen „positiven Integration" zu verwirklichen. Freier Warenverkehr beispielsweise setzt die Abschaffung von Ein- und Ausfuhrbeschränkungen wie etwa Zölle voraus. Für eine Zollunion musste also nationales Steuerrecht in einem bestimmten Umfang geändert, wenn man so will, unionsweit „harmonisiert" werden. Auch Arbeitnehmerfreizügigkeit, Dienstleistungs- und Niederlassungsfreiheit machen zugegebenermaßen ohne den Abbau von Binnengrenzkontrollen und die entsprechende Anpassung des jeweiligen nationalen Rechtes wenig Sinn. Doch gerade bei dieser „Grundfreiheit" ist größte Vorsicht geboten, da man hier – wir werden gleich noch darauf zu sprechen kommen – allzu leicht das Kind mit dem Bade ausgießt.

Die EEA – Bruch mit dem Europa der Vaterländer

1985 veröffentlichte der damalige Präsident der Europäischen Kommission, Jacques Delors, in seinem „Weißbuch" sage und schreibe fast 300 aus seiner Sicht notwendige Rechtsangleichungen sowie einen konkreten Zeitplan für die Verwirklichung des Binnenmarktes. Die auf diesem „Delors-Paket" basierende „Einheitliche Europäische Akte" (EEA) vom 1. Juli 1987 änderte nach 30 Jahren erstmals den Vertrag über die Europäische Wirtschaftsgemeinschaft (EWG). Hier manifestiert sich ein Bruch mit der identitätsstiftenden Ursprungsidee eines Europas der Vaterländer.

Die EEA änderte die Befugnisse von Kommission und Parlament, vor allem aber auch die Entscheidungsprozesse im Rat grundlegend. Das Abstimmungsverfahren im Rat wurde nämlich insbesondere für die von Delors angemahnten legislativen Maßnahmen zur Schaffung des europäischen Binnenmarktes revidiert (Art. 13-19 EEA). Statt des strengeren Einstimmigkeitsprinzips sollten fortan bereits qualifizierte Mehrheiten im Rat die beabsichtigten Rechtsangleichungen ermöglichen und so die Harmonisierung beschleunigen.

Harmonisierung versus Subsidiaritätsprinzip

Doch die knapp 300 Richtlinien des Delors-Paketes waren nur der Anfang. Die Harmonisierungsgelüste der Europäischen Kommission scheinen, einmal geweckt, kein Ende mehr zu kennen. Ein gutes, weil sehr aufschlussreiches Beispiel ist die wohl vielen noch in Erinnerung gebliebene und zu Recht scharf kritisierte Weiterentwicklung der EU-Dienstleistungsrichtlinie (2006/123/EG), auch Bolkestein-Richtlinie genannt.

Nicht nur kleine und mittlere Handwerksbetriebe befürchteten ein drohendes „Sozialdumping" angesichts einer faktischen Einführung des sogenannten Herkunftslandprinzips bei der Niederlassung EU-ausländischer Dienstleister in

Deutschland. Auch das Bundeswirtschaftsministerium sorgte sich um die Aufsichts- und Kontrollmöglichkeiten, woraufhin der Deutsche Bundestag eine „Subsidiaritätsrüge" beschloss, die jedoch erfolglos blieb (BT-Drs. 18/11442 vom 8. März 2017). Nach dem in Art. 5 EUV verankerten Subsidiaritätsprinzip darf die Union nur innerhalb der Grenzen der Zuständigkeiten tätig werden, die die Mitgliedstaaten ihr übertragen haben. Eben diese Grenzen ihrer Zuständigkeit hatte, so war Deutschland überzeugt, die Kommission überschritten.

Das frühere Einstimmigkeitsprinzip hätte dieser ausufernden Tendenz der Kommission, fortwährend ihre Kompetenzen zu überschreiten und gegen das Subsidiaritätsprinzip zu verstoßen, einen wirksamen Riegel vorschieben können. Die Abkehr vom Einstimmigkeitsprinzip ist einer unserer wichtigsten Kritikpunkte. Nur das Einstimmigkeitsprinzip schützt unsere wohlverstandenen nationalen Interessen und verschafft unter anderem auch dem unentbehrlichen Subsidiaritätsprinzip volle Geltung.

Die „horizontale" Erweiterung – Grundfreiheiten versus Konvergenz

Das Beispiel der EU-Dienstleistungsrichtlinie verdeutlicht ferner die bereits angesprochenen drohenden Gefahren bei der Umsetzung von Personenfreizügigkeit und Dienstleistungsfreiheit. Um nicht missverstanden zu werden; wie schon erwähnt, Passkontrollen an Binnengrenzen für Berufspendler wünscht sich niemand zurück. Aber die Frage ist doch, wie viel Freizügigkeit darf und sollte man sich überhaupt erlauben, wenn es an der nötigen Konvergenz unter den Mitgliedsstaaten noch in eklatantem Maße mangelt. Fehlende Konvergenz brauchte nicht die drängendste Sorge der Gründerväter der Europäischen Gemeinschaft für Kohle und Stahl zu sein. Obschon auch Anfang der 1950er Jahre beim Zustandekommen der Montanunion außenpolitisches Kalkül über wirtschaftspolitische Vernunft triumphierte, gingen die Entscheidungsträger trotz der schwer beherrschbaren Entwicklungsdynamik dieser Zeit nicht verantwortungslos zu Werke.

Von den bisher sieben Erweiterungen der EG resp. EU ist wohl keine mit schädlicherer Eile betrieben worden als die „zweite Osterweiterung" 2007. In Bulgarien und Rumänien hatte es anders als in der „Luxemburg-Gruppe" 1989/1990 »lediglich inszenierte Revolutionen« gegeben und die alten Kader konnten sich großteils weiter behaupten.[1] Sie behinderten ganz entscheidend all jene unverzichtbaren Reformprozesse, die die Grundlage für die vergleichsweise gelungene „erste Osterweiterung" waren. Trotzdem veranlasste die Euro-Föderalisten bereits ein erstes zaghaftes Aufflackern von Reformbemühungen etwa seit der Jahrtausendwende, einen möglichst kurzfristigen Beitritt der beiden Nachzügler zu forcieren. Nach erfolgtem EU-Beitritt schwächten sich die Reformbemühungen allerdings erwartbar zusehends ab. Noch nach zwölfjähriger EU-Mitgliedschaft Rumäniens zweifelt selbst Kommissionspräsident Juncker öffentlich an der Fähigkeit des Landes, eine sechsmonatige Ratspräsidentschaft zu führen. Soweit konnte es nur kommen, weil insbesondere die Beitrittsvoraussetzung der Konvergenz bei der zweiten EU-Osterweiterung in eklatantem Maße vernachlässigt worden war. Hier war nicht etwa übertriebener Optimismus am Werk, sondern die Euro-Föderalisten. Aus Angst vor einem schwindenden Momentum der EU forcieren diese Euro-Föderalisten seit geraumer Zeit eine exzessive horizontale Erweiterung hin zu einem möglichst großen gemeinsamen Bundesstaat. Übereilte Beitritte von Staaten mit mangelnder Konvergenz laufen aber der Supranationalität zuwider. Darum wurden parallel auch die Anstrengungen zur vertikalen Vertiefung verstärkt, jedoch bevor die Nachzügler ihr Konvergenzdefizit nachhaltig abbauen konnten.

Macrons „Mehr EU!"

Wohin aber eine Politik führt, die gleichzeitig exzessiv erweitert und vertiefen will, hat uns in aller bedrückenden Deutlichkeit der Brexit demonstriert. Eine Union, die erst die eigenen Verträge bricht, um ein reformunwilliges Griechenland, komme was wolle, im Euro zu halten und kurz darauf angesichts der Migrationskrise erklärt, die eigenen Außengrenzen nicht schützen zu können, einer solchen Union wollten die meisten Briten nicht mehr angehören. Macrons Antwort einer „ever closer union" muss insbesondere bei den ehemaligen Vasallenstaaten der Sowjetunion in Ost- und Süd-Ost-Europa wie purer Hohn wirken. Der aller Orten wachsenden Euro-Skepsis meint Macron mit seiner fast schon verzweifelten Forderung nach „mehr EU" begegnen zu müssen. Diese Politik entbehrt aber nicht nur jeder politischen Vernunft und Augenmaß, sondern zeugt von einer geradezu erschreckenden Abgehobenheit und Ignoranz des Wählerauftrages.

Rückbesinnung auf ein Europa der Vaterländer

Allen Beteuerungen zum Trotz, die „Vereinigten Staaten von Europa" sind sicher nicht das „gelobte Land". Dieses beinahe fanatisch verfolgte Finalziel der Brüsseler Eurokraten hat bisher in allem kläglich versagt, zu dem die Gründerväter einst angetreten waren. Statt den vom „Eisernen Vorhang" zerrissenen Kontinent in Frieden und Freiheit zu einen, spaltet die unbesonnene Einführung einer gemeinsamen Währung Europa erneut. Längst vergessen geglaubte Ressentiments brechen wieder auf und neue entstehen. Diese EU ist schon zu lang einen Irrweg gegangen und hat sich so von ihrer Gründungsidee entfernt. Was wir brauchen, ist eine umfassende Reform der EU: Von einer politischen Union hin zu einer Wirtschaftsunion – denn so war die EU ursprünglich gedacht und so war sie auch erfolgreich. Einzig die Rückbesinnung auf ein Europa der Vaterländer garantiert demokratische Mitbestimmung, Freiheit, Recht und Sicherheit seiner Bürger, bewahrt den kulturellen Reichtum Europas und ermöglicht einen weitgehend unbehinderten Binnenmarkt mit fairem Wettbewerb.

---

1   Kolev, Stefan/Zweynert, Joachim: Gesellschaften mit beschränktem Zugang. Bulgarien und Rumänien sieben Jahre nach dem EU-Beitritt;
https://archiv.wirtschaftsdienst.eu/jahr/2014/5/eu-osterweiterung-eine-bilanz-nach-zehn-jahren/#res4

Joachim Kuhs

Die christlichen Wurzeln Europas

„Wer seine Wurzeln nicht kennt, kennt keinen Halt", sagte einmal der österreichische Schriftsteller Stefan Zweig. Die christlichen Wurzeln europäischer Kultur sind vielen Menschen heute nicht mehr bewusst. Beim 2004 unterzeichneten, aber nie in Kraft getretenen Vertrag über eine Verfassung für Europa hatte die Mehrheit der Mitgliedstaaten sich gegen einen Gottesbezug gestellt. Einige Gegner eines dezidierten Verfassungsbezugs auf die christlichen Wurzeln fürchteten, dass eine „Referenz an das Christentum dazu benutzt werden könnte, die Türkei von der EU-Mitgliedschaft auszuschließen".[1] Der UN-Pakt über wirtschaftliche, soziale und kulturelle Rechte („UN-Sozialpakt" von 1966) bestimmt aber in Artikel 1 das „Recht auf Selbstbestimmung" für „alle Völker": „Kraft dieses Rechts entscheiden sie frei über ihren politischen Status und gestalten in Freiheit ihre wirtschaftliche, soziale und kulturelle Entwicklung."[2] Um dieses Recht verantwortungsbewusst in Anspruch nehmen zu können bedarf es zunächst einer Rückbesinnung auf wichtige, jahrhundertealte Wurzeln europäischer Kultur. Darauf aufbauend lässt sich in Verantwortung für die zukünftigen Generationen definieren, welche Zielperspektive wir unserem einzigartigen Kontinent und Kulturraum für die kommenden Jahrzehnte zugedenken wollen.

Geschichte des Christentums in Europa

„Komm zu uns herüber und hilf uns." Mit diesem Hilferuf eines mazedonischen Mannes beginnt die Geschichte
des Christentums in Europa. In Apostelgeschichte Kapitel
16 wird berichtet, dass Paulus, der Apostel der Heiden, in
einer Vision in Troas diesen Hilferuf vernahm und daraus
schloss, dass Gott ihn und seine Missionsgefährten nach
Mazedonien berief. Die Frohe Botschaft vom Heil in Jesus
Christus verbreitete sich damals rasend schnell im ganzen
römischen Reich. Weil die Christen, wie sie bald genannt
wurden (Apg. 11,26), dem Kaiserkult nicht huldigten, weil
für sie „ein anderer König sei" (Apg. 17,7), wurden sie die
ersten Jahrhunderte gnadenlos verfolgt. Das Blut der Mär-
tyrer wurde, getreu der Devise Tertullians, eines frühen Kir-
chenvaters, zum Samen der Kirche.
Als Konstantin der Große im Jahr 312 an der Milvischen
Brücke, nach einer Vision des Kreuzeszeichens, einen seiner Widersacher besiegte, danach Religionsfreiheit auch
für die bis dahin verfolgten Christen gewährte und später
das Konzil von Nizäa einberief und die christliche Kirche
zur Staatskirche erhob, war das Christentum aus dem damals zivilisierten Teil Europas nicht mehr wegzudenken. Es
überlebte, dank seiner starken Verankerung in der Bevölkerung, die Wirren der Völkerwanderung und das Ende des
weströmischen Reiches.
Die Missionierung der Germanen und Angelsachsen
durch die irischen Mönche und der Aufstieg des Islam im
7. Jahrhundert hatten das Machtzentrum der christlichen
Völker von Nordafrika, dem Nahen Osten und Osteuropa
nach Westeuropa verschoben. Der Widerstand gegen die

fortdauernden Eroberungszüge der Anhänger Mohammeds wurde daher auch aus der Mitte dieser neuen westeuropäischen Mächte getragen. Die Nachfolger der Sieger von Tours und Poitiers im Jahr 732 wurden als Herrscher dieses neuen Reiches anerkannt. Mit der Krönung Karls des Großen am Weihnachtstag des Jahres 800 zum Kaiser des „Heiligen Römischen Reiches" – ab 1474 mit dem Zusatz „Deutscher Nation" – kam diese Entwicklung zu einem vorläufigen Höhepunkt. Dieses neue christliche Reich sollte noch eine lange Geschichte haben. Die Christianisierung Europas ist ohne dieses Reich nicht zu denken. Doch nicht den Kaisern und Königen des Reiches, sondern vor allem den Kirchen und Klöstern verdanken wir die Durchdringung Europas mit einer christlichen Kultur. Die Kultur wächst aus dem Kultus. Dazu gehörte auch „ora et labora", lateinisch für „bete und arbeite", das Handlungsprinzip Benedikts von Nursia. Es wurde zum Motto für diese kulturelle Revolution, die Europa zivilisierte und für viele Jahrhunderte prägte. Arbeit wurde als eine heilige Pflicht, ja als Privileg wahrgenommen. Dieses Lebensprinzip ab der Jahrtausendwende und – als dessen Frucht die erste industrielle Revolution ab 1800 – sowie eine Jahrhunderte andauernde Warmzeit, verhalfen den Mönchen und der aufstrebenden Bürgerschaft zu Wohlstand und einem bunten, fröhlichen Leben und uns zu unschätzbaren Zeugen einer grandiosen Bau- und Dichtkunst sowie zur Schaffung der Universitäten. Die christliche Prägung dieser Epoche ist unverkennbar.

Mit Renaissance, Reformation, Gegenreformation und Aufklärung erlebte das Christentum zwar heftige Turbulenzen, eine weitere Kirchenspaltung und grausame

Religionskriege. Diese traurigen Entwicklungen führten aber unter anderem zu einer Schärfung und Sicherung der christlichen Grundwerte, die heute in den allgemeinen Menschenrechten und insbesondere in den Schutz- und Freiheitsrechten unseres Grundgesetzes ihren Niederschlag gefunden haben. Letztendlich brachten diese Turbulenzen uns bürgerliche Freiheit und Demokratie.

Was sind nun konkret die christlichen Wurzeln Europas?

Beginnen wir mit der Menschenwürde. Sie leitet sich unwidersprochen vom christlichen Menschenbild der Gottesebenbildlichkeit ab. „Und Gott schuf den Menschen in seinem Bilde. Im Bilde Gottes schuf er sie; Mann und Frau schuf er sie" (Gen. 1,27). Jeder Mensch trägt als Gottes Ebenbild unverlierbar unveräußerliche Würde. Jeder Mensch, auch der Arme, der Behinderte, der Fremde, der Kriminelle, jeder widerspiegelt etwas von Gottes Wesen. Die Menschenwürde dient somit insbesondere dem Schutz der Schwachen. Unterlassene Hilfeleistung oder gar ein Angriff auf die Schwachen ist daher ein Angriff auf Gott: „... insofern ihr es einem dieser Geringsten nicht getan habt, habt ihr es auch mir nicht getan" (Matt. 25,45).

Nächstenliebe

Das Erkennungszeichen der Jünger Jesu war die Liebe: „Daran werden alle erkennen, dass ihr meine Jünger seid, wenn ihr Liebe untereinander habt" (Joh. 13,35). So verwundert es nicht, wenn die Nächstenliebe und das Erbarmen zu den wesentlichen Merkmalen des Christentums wurden. „Geben ist seliger als nehmen", dieses Jesuswort hat unzählige Menschen geprägt und bis heute eine Grundhaltung der Hilfsbereitschaft in Notzeiten und bei Katastrophen begünstigt. Das Besondere dieser Hilfe ist, daß sie keine Gegenleistung erwartet. Sie ist im Grunde selbstlos. Ein Christ liebt, weil er zuerst von Gott geliebt wurde (1. Joh. 4,19). Der Lohn im Himmel ist ihm Lohn genug. Diese Liebe und Selbstaufopferung haben Europa, bei all den Verirrungen in der langen Geschichte, immer wieder auf den Pfad der Tugend zurückgeführt. Und es ist zu hoffen, daß eine Rückbesinnung auf dieses Wesensmerkmal Europa wieder stark und widerstandsfähig macht gegen den grassierenden Egoismus und die verhängnisvolle Gier nach Geld, Macht und kurzlebigem Ruhm.

Vergebungsbereitschaft

Eine weitere christliche Wurzel europäischer Geisteshaltung ist zu erkennen in der Vergebungsbereitschaft. Ein Christ kennt die Gnade der Vergebung. Im „Vaterunser" bitten wir um Vergebung, da wir selbst unseren Schuldigern vergeben. Europas Christen konnten, nach ihren Verirrungen, Vergebung erfahren und einen Neuanfang wagen. Sie brauchten sich nicht selbst rächen. Ehrenmorde und Selbstmorde, um das Gesicht nicht zu verlieren, werden in einer christlichen Gesellschaft, anders als in einer ehrbasierten Schamgesellschaft, nicht erzwungen. Diese Vergebungsbereitschaft war übrigens auch ein Motor für Forschung und Entwicklung vom Mittelalter bis heute. Wenn einem Entwickler, nach einem gescheiterten Experiment, nicht die Gelder gestrichen wurden oder gar Schlimmeres passierte, dann konnte er es ein zweites und ein drittes Mal versuchen. Diese Fehlertoleranz brachte Europa technologisch und wirtschaftlich voran. Leider häufen sich heute die Fälle, dass Fehler, um den Gewinn nicht zu gefährden, verschwiegen und dafür lieber Menschenleben aufs Spiel gesetzt werden. Whistleblower werden nicht goutiert. Auch die Unschuldsvermutung wird durch eine die Neugier der Menschen befriedigende Presse nicht mehr geschützt.

Freiheit

Dass die Freiheit in allen ihren Aspekten eine bedeutende Frucht der christlichen Heilslehre ist, braucht sicher nicht erwähnt zu werden. Dass die Freiheit allerdings in Gefahr steht, auf dem Altar der politischen Korrektheit und „moderner" Genderideologien geopfert zu werden, sollte uns jedoch aufschrecken. Die Freiheit wurde von unseren Vorfahren hart erkämpft und es sieht so aus, als müssten wir in unserer Generation dieses hohe Gut neu zurückerobern. Ob diese Rückeroberung von europäischem Boden ausgeht, muss angesichts zunehmender Angriffe auf die Meinungsfreiheit durch staatliche Akteure und auch EU-Institutionen allerdings bezweifelt werden.

Ehe und Familie

Zu den bisher genannten Gütern, die uns das Christentum gebracht hat, zählt auch die Ehe als lebenslanger Treuebund, der, wie der Volksmund sagt, „im Himmel geschlossen wird" und der, wie Gott sagt, „nicht geschieden werden soll". Eine solche Ehe steht unter Dauerbeschuss. Sie bedarf des staatlichen Schutzes (Artikel 6 Grundgesetz) und der vorbildlichen und treuen Umsetzung der Eheleute in den Mühen und Versuchungen des Alltags.

Auch die Familie ist eine Wurzel des christlichen Europas. Die christliche Kultur gründete wesentlich auf der Familie als Grundlage der Gesellschaft. Dies gilt vermutlich für alle Kulturen und alle Gesellschaften und die heutige Gesellschaft wird noch die bitteren Folgen der Demontage der Familie gewärtigen müssen. Das Christentum verbindet jedoch mit Familie den Aspekt eines Neuanfangs. Es fördert nicht wie in den meisten Gesellschaften die spalterische Clanbildung, sondern fordert die Zellteilung der Familie: „Darum wird ein Mann seinen Vater und seine Mutter verlassen und seiner Frau anhangen, und sie werden ein Fleisch sein" (Gen. 2,24). Das garantiert den Schöpfungsauftrag: „Seid fruchtbar und mehret euch und füllet die Erde und machet sie euch untertan" (Gen. 1,28). Europa wurde nicht nur durch die Mönche, sondern auch durch unzählige Familien, die diese Zellteilung wagten, besiedelt und kultiviert.

Bewahren der Schöpfung

Das Bewahren der Schöpfung ist ebenfalls eine christliche Wurzel Europas. Das „Untertanmachen der Erde" schloss die göttliche Aufforderung „den Garten zu bebauen und zu bewahren" (Gen. 2,15) mit ein. Somit ist das Bewahren der anvertrauten Schöpfung eine uchristliche Pflicht. Sie gründet auf den christlichen Überzeugungen, dass jeder Mensch für die Folgen seines Handelns verantwortlich ist und dass wir eine Zukunft haben. Menschen, die keine Zukunftsorientierung haben, kümmern sich wenig um die Folgen ihres Handelns. Für Christen ist daher der Schutz der Umwelt eine heilige Verpflichtung.

Trennung von Religion und Staat

Die Trennung von Religion und Staat ist eine weitere bedeutende Errungenschaft der christlichen Lehre. Das christliche Europa hat lange gebraucht, bis es die Lektion Jesu „Gebt dem Kaiser, was des Kaisers ist und Gott, was Gottes ist" gelernt hat. Heute stehen wir in der Abwehr gegen eine politische Religion, die diese Lektion (noch) nicht akzeptiert, ja sogar dezidiert in ihrer heiligen Schrift ausschließt.

Zu guter Letzt, ohne Vollständigkeit zu suggerieren, sei noch der Primat des Wortes erwähnt. „Im Anfang war das Wort, und das Wort war bei Gott, und das Wort war Gott." Dieser Beginn des Evangeliums nach Johannes bezeugt die Wortzentriertheit der christlichen Botschaft. Insbesondere die Erfindung der Druckerpresse und die nachfolgende Reformation hat diese Liebe zum Wort deutlich verstärkt, auch wenn bereits Salomo im letzten Kapitel des Predigers klagt: „Des vielen Büchermachens ist kein Ende."
Heute stehen wir in der Gefahr, dass wir die Errungenschaften der Bildung, der Kunst, der Kultur, der Technik usw. verlieren, weil wir einem emotionalen Bild mehr Glauben schenken, als dem sachlichen Wort. „Wenn das Bild das

Wort erschlägt", titelte schon vor Jahren ein unbequemer Mahner. Wenn etwa in den Prüfbehörden Prüfingenieure fehlen und keiner die technischen Unterlagen mehr lesen kann und deshalb die geprüfte Firma ihre eigenen Leute den Prüfbericht schreiben lässt, dann sollten alle Alarmglocken schrillen und wir uns um die Vermittlung der alten Kulturtechniken bemühen, die Europa auch wirtschaftlich so erfolgreich gemacht haben. Sonst können wir unter anderem das Zugfahren und das Fliegen wegen fehlender Sicherheit demnächst einstellen.

---

1   www.bpb.de/nachschlagen/lexika/das-europalexikon/177022/
gottesbezug-in-der-eu-verfassung

2   www.ohchr.org/en/professionalinterest/pages/cescr.aspx

Maximilian Krah

Mehr Sachsen, weniger Rheinbund

Unter den politischen Grundsatzentscheidungen mit einem klaren Ost-West-Gegensatz gehört auch die Sichtweise auf die EU. Während im Westen die EU ein emotional positiv besetztes Projekt ist, schaut der Osten auf sie nüchtern und pragmatisch. Und die Fakten führen zur EU-Skepsis.

Westdeutsche EU-Romantik

„Europa wurde als Wirtschaftsgemeinschaft gegründet", twitterte die SPD-Spitzenkandidatin zur Europawahl, Katharina Barley. Dieser Satz ist entlarvend. Denn natürlich wurde nicht Europa als Wirtschaftsgemeinschaft gegründet, sondern höchstens die EU, und nicht einmal die: Denn die Römischen Verträge, auf denen die Union aufbaut, wurden genau deshalb in Rom unterzeichnet, um den Bogen zur europäischen Tradition und Identität zu schlagen – der Antike wie dem westlichen Christentum. Barley versteht davon nichts mehr, weder von Kultur und Tradition, noch von den geistigen Grundlagen der Wirtschaftsgemeinschaft, die sich nun zur EU ausgewachsen hat. Barley und mit ihr die allermeisten deutschen Politiker und regierungsnahen Journalisten leben ohne Wurzeln im Hier und Jetzt, ihre Vorstellung von Europa ist die EU, die sie idealisiert.

Das hat zunächst einen biographischen Hintergrund. Westdeutschland ist nach dem Zweiten Weltkrieg sehr schnell der Wiederaufstieg gelungen. Und das hat sehr wohl etwas mit der Westeuropäischen Integration zu tun. Deutschland, so war der Deal, verzichtete auf Souveränitätsrechte, etwa in der Kohle- und Stahlindustrie, und wurde umgekehrt gleichberechtigt im Club der westeuropäischen Nationen akzeptiert. Der Ausstieg aus dem zuvor maßgeblichen Mitteleuropa-Konzept, das Deutschland als Macht der Mitte definierte, die nach Ost wie West ausgleicht und dabei einen eigenen Schwerpunkt bildet, und der stattdessen eingeschlagene „Weg nach Westen", die Integration in Westeuropa, wurden und werden bis heute in Westdeutschland als Grundlagen von Freiheit, Wohlstand und Demokratie der Bundesrepublik verstanden. Der in den 1980er Jahren in Bonn, Hamburg oder Stuttgart aufgewachsenen Generation, die heute politisch tonangebend ist, waren Paris, Palma oder Palermo gedanklich stets näher als Rostock, Dresden oder Leipzig, von Prag, Posen oder Petersburg ganz zu schweigen. „Postnationale Demokratie inmitten demokratischer Nationalstaaten" hieß dieses Selbstverständnis der späten Bundesrepublik, und es war, auch im Rückblick, eine Zeit wunderbaren Hedonismus' ohne die Zumutungen grundsätzlicher politischer Herausforderungen.

Orientierungslosigkeit nach der Wende

Damit war 1989 Schluss. Die alte Bonner Republik wurde – für die Generation, die damals U40 war: wider Willen – zurück in die Geschichte katapultiert. Und tut sich damit schwer. Den hoffnungsvollen Anfängen, eine eigenständige Berliner Republik zu definieren, die Gerhard Schröder zu einem Nein zum Irak-Krieg und einer Verständigung mit

Russland geführt haben, folgt seit 2005 das Merkel'sche BRD-Biedermeier, die Rückkehr zur Bonner Politiklosigkeit, einer Politik in den Kategorien des Kalten Krieges. Nichts drückt es mehr aus als der Hashtag #EuropaIstDieAntwort – Hauptsache keine eigenständige Politik, keine demokratische, nationalstaatliche Normalität. Es ist die Hoffnung, sich der eigenen politischen Last durch die Abgabe von Souveränität und damit Verantwortung an die EU, also eine abstrakte Bürokratie, entledigen zu können. #EuropaIstDieAntwort ist die Twitter-Version des Witzes, in dem sich in einer Runde die Teilnehmer vorstellen – Franzose, Pole, Tscheche – bis einer sagt: „Ich bin Europäer". Und alle anderen antworten: „Du bist Deutscher!" Westdeutscher, um genau zu sein. Es ist wert zu spekulieren, in wie weit diese Prägung historische Ursachen hat. Denn die Entscheidung zwischen einer identitätslosen politischen Identität, die sich eng an Frankreich anlehnt und gegen Russland steht, und dem eigenständigen nationalen Entwurf, der Ost und West gleichermaßen ausgleicht, musste schon einmal getroffen werden: im frühen 19 Jahrhundert. Es ist die Frage zwischen Rheinbund und deutschem Nationalstaat. Sie wurde 1848 zugunsten des nationalen Wegs entschieden. Dieser war 1945 an ein vorläufiges Ende gekommen, so dass die Vertreter der Rheinbund-Lösung gestärkt waren. Auch geographisch sprach viel dafür, wie es schon 1919 Walther Rathenau formulierte: „Zieht Preußen von Deutschland ab – was bleibt? […] Der Rheinbund!"

Die alte Bundesrepublik hatte immer etwas Rheinbündisches. Vielleicht außer Bayern, das entsprechend eine Sonderrolle einnahm. Und wer sich allein die Selbstdarstellung dieser Bonner Republik ansieht, die Architektur ihrer Amtsgebäude wie die Uniformen ihrer Soldaten, von den Lehrplänen ihrer Schulen und den Ideen ihrer Professoren ganz zu schweigen, der muss feststellen: Es ist mehr Bruch als Kontinuität zur deutschen Geistes- und Staatstradition. Wer diese deutsche Tradition nicht fortschreiben will, der braucht einen anderen Anker seiner Politik. Für den ist dann eben Europa die Antwort, die Ausflucht.

Ostdeutscher EU-Pragmatismus

Ostdeutschland im Allgemeinen und Sachsen im Besonderen sind anders geprägt. Geographisch liegt Prag allemal näher als Paris, kulturell auch: schon durch die gemeinsam erlebte kommunistische Unterdrückung. Aber auch die biographische Erfahrung ist eine andere als in der alten Bundesrepublik. Denn auf das Kriegsende 1945 folgte nicht der schnelle Wiederaufstieg mit Wirtschaftswunder und Wohlstand, sondern die härtesten Kriegsreparationen der Wirtschaftsgeschichte. Armut und Unterdrückung prägten die Nachkriegszeit. Der Bezugspunkt blieb die Vorkriegszeit, also der demokratische und verhältnismäßig wohlhabende Nationalstaat der Weimarer Verfassung. Das Bürgertum tradierte im Privaten das deutsche Bildungsideal mit seinen Werten und Geschichtserzählungen; niemand hat es besser beschrieben als Uwe Tellkamp im „Turm". Die Arbeiterschaft, von den Kommunisten nach bürgerlichen Mustern mit Bildung und Kultur versorgt, schloss sich diesem Weltbild alsbald an. Der Wiedereintritt in die Geschichte und die Rückgewinnung von Eigenverantwortung und Souveränität waren die Hoffnung der Menschen, während sie den Europhilen im Westen eher als Schrecken einer Rückkehr längst überwundener Ideen erschienen.

Die neuen Bundesländern sind bis heute nationalstaatlich geprägt. Die EU ist für sie ein notwendiges Instrument, um globale Herausforderungen zu bestehen und notwendige Abstimmungen mit den Nachbarländern zu erreichen. Ein emotionales Projekt, gar eine Ersatznation, ist sie nicht. Und damit ist das Denken der neuen Bundesländer kurioserweise viel europäischer als das in den alten. Denn auch in Frankreich, Spanien, Italien ist man Europäer, weil man Franzose, Spanier, Italiener ist. In Tschechien, Ungarn, Polen umso mehr. Die Identifikation mit Europa gegen die nationale Identität zu stellen, sie als Gegensatz, nicht als Ergänzung zu verstehen, ist etwas rein Westdeutsches. Und es ist etwas, was Europa ebenso wenig gut tut wie Deutschland.

Irrlichternde europäische Führungsmacht Deutschland

Politik ist die Kunst des Möglichen und sie orientiert sich an Interessen. Die Staaten Europas vertreten ihre nationalen Interessen und finden in Brüssel idealerweise einen Ausgleich. Die mittlerweile rein westdeutsch geprägte deutsche Politik verneint explizit eine nationale Interessenwahrnehmung und lässt sich von moralischen Erwägungen leiten. Die Ergebnisse sind verheerend. Bestes Beispiel ist die Grenzöffnung 2015, die aus dem europäischen Problem der Masseneinwanderung zunächst ein deutsches machte, weil es die über eine Million Zuwanderer aus Orient und Afrika überwiegend nach Deutschland leitete. Durch die

Grenzöffnung wurde die Migrationskrise massiv angeheizt, weil sich herumsprach, dass Europa offen ist. Das brachte Deutschland an den Rand des Staatsversagens. Nun versuchte die Bundesregierung, das Problem zu re-europäisieren, indem sie andere Staaten drängte, die von ihr gerufenen Migranten abzunehmen. Dieser Versuch führte zu massiven Abwehrreflexen in nahezu allen EU-Staaten, zu neuer Deutschland-Skepsis in Osteuropa und zum Brexit.

Deutschland verhält sich in der EU aufgrund seiner Verneinung demokratischer, nationalstaatlicher Normalität durchweg irrlichternd, indem es dem Spiel und Ausgleich nationaler Interessen und kühler Kosten-Nutzen-Abwägung ständig sachfremde ideologische, aus seiner Sicht „moralische" Erwägungen entgegenstellt und dann mit dem Gewicht als größtes und wirtschaftlich potentestes Mitgliedsland durchzudrücken versucht. Das ist toxisch für Deutschland selbst, weil es sich ohne Sinn und Verstand Lasten aufbürdet; von einem übermäßig hohen EU-Beitrag über die volkswirtschaftlich durch nichts zu rechtfertigenden Aufwendungen zur Euro-Stabilisierung bis zu den die heimische Wirtschaft besonders treffenden Russland-Sanktionen – die Bundesregierung handelt konsequent anti deutsch. Aber es ist auch eine Belastung für Europa, weil die EU auf rationale, ausgleichende Politik angelegt ist und Deutschland als geographische und ökonomische Zentralmacht dazu durch ehrliches Makeln und Ausgleichen gefordert ist. Deutschlands ideologischer Blindflug ins links-rot-grüne Nirwana destabilisiert die Union und schürt europaweit neue Skepsis Deutschland gegenüber.

Rückkehr zu Pragmatismus und Problemlösung

Soll die Union gesichert und Deutschlands Ansehen repariert werden, so muss die deutsche Europapolitik sächsischer werden: pragmatischer und patriotischer, dabei stets Ost wie West im Blick habend. Die Visegrád-Staaten Polen, Ungarn, Tschechien und Slowakei bringen nicht weniger Einwohner auf die Waage als Frankreich – sie sollten ebenso beachtet werden. Deutschland hat die Aufgabe, eine Brücke zu bilden zwischen West und Ost, Süd und Nord; es soll aufhören sich als Rheinbund zu definieren, der Macrons neo-napoleonische Agenda einer EU-Arbeitslosenversicherung und eines Eurozonen-Haushalts vertritt, Ideen, die außer dem französischen Präsidenten niemandem in Europa nützen, nicht den wirtschaftsliberalen Osteuropäern, am wenigsten den Deutschen, die sie bezahlen sollen.

Vielmehr ist es an der Zeit, das Verhältnis von Zentralisierung und Eigenverantwortung in der Union zu hinterfragen und neu zu justieren. Europa ist nicht die Antwort, wenn es um Sicherheit, Militär oder Grenzschutz geht – das können die Einzelstaaten besser, wie Viktor Orban 2015 an der serbischen Grenze und Matteo Salvini 2018 im Mittelmeer bewiesen haben. Wo die EU-Agentur Frontex Shuttle für die Illegalen gespielt und hunderttausende Migranten aufs todbringende Mittelmeer hinausgelockt hat, ist es Salvini gelungen, binnen eines Jahres die Mittelmeer-Route zu schließen. Auch eine EU-Armee, die sich absehbar gegen Russland richten würde, braucht kein Mensch: Denn Europa wird nicht vom Iwan, sondern vom Migrationsdruck aus Afrika und dem Orient existentiell bedroht.

Was Europa braucht, ist die Vielfalt seiner Völker und Regionen – denn die macht sein Wesen aus. Noch mehr Brüssel, noch mehr Vereinheitlichung bedroht diese Grundlage unseres Kontinents. Nicht die ideologische Verklärung der Zentrale, sondern der skeptische, nüchterne und abwägende Blick auf diese intransparente und bestenfalls halb-demokratische Institution ist deshalb die richtige europapolitische Attitüde. Verklärt und voll Liebe sollten wir stattdessen auf die regionalen Kulturen blicken, ihre Traditionen und Schrulligkeiten. Dieser Lokalstolz und Patriotismus ist friedlich und ermöglicht eine „Einheit in Vielfalt". Eine solche Herangehensweise eint uns mit allen anderen Europäern und ist eine gute Grundlage für die Union der Zukunft.

In Deutschland vertritt allein die AfD eine solche Europa-Politik.

Nicolaus Fest

Zum Zustand der EU: Selbstdarstellung und Wirklichkeit

Der Zustand der EU lässt sich auch an ihrer Selbstdarstellung festmachen – und an deren Abstand zur Wirklichkeit. Denn es sagt schon einiges, wenn die Realitäten konsequent ausgeblendet und dem Bürger und Wähler Dinge aufgetischt werden, die mit der Wirklichkeit nichts zu tun haben. Eben das macht die aktuelle EU-Wahlbroschüre „60 Gründe für die EU", abrufbar im Internet[1], so aufschlussreich. Hier ein Blick auf die wesentlichen Behauptungen – und ein kurzer Faktencheck:

„Die EU garantiert seit 70 Jahren den Frieden"
Tatsache ist: Bis 1989, dem Ende des Kalten Krieges, schweißte die Angst vor dem kommunistischen Ostblock Westeuropa zusammen. Deshalb war ein Krieg zwischen westeuropäischen Staaten undenkbar. Wenn überhaupt, konnte die EU den Frieden erst nach 1989 garantieren – und da hat sie versagt: Die Jugoslawienkriege haben die Amerikaner beendet, nicht die Europäer. Und der zweite Krieg nach 1989 auf europäischem Boden wurde, so der damalige Außenminister Steinmeier (SPD), durch ein törichtes Assoziierungsangebot der EU an die Ukraine wesentlich mitverursacht. Dort hat die EU, eine Bürokraten-Organisation ohne Armee, ohne militärische Expertise und ohne außenpolitische Erfahrung, Europa 2014 an den Rand eines großen Krieges gebracht.

„Die EU sorgt für Wohlstand"
In vielen Ländern, auch in Deutschland, stagnierte zwischen
1992 und 2016 das Nettoeinkommen der Arbeitnehmer, also
über 24 Jahre. Da die Kosten für viele Produkte in dieser Zeit
stiegen, sind große Teile der Gesellschaft tatsächlich ärmer geworden. Das Wirtschaftswachstum der Euro-Zone liegt seit
Jahren deutlich unter dem vergleichbarer Wirtschaftsräume
wie China, Indien oder den USA. Technologisch ist Europa
auf fast allen Gebieten ins Hintertreffen geraten, nicht nur
bei Digitalisierung, Medizinforschung oder Elektrochemie.
Auch der künftige Wohlstand ist daher deutlich gefährdet.
Und die Nullzinspolitik der Europäischen Zentralbank hat
allein den deutschen Sparer bisher rund 600 Milliarden Euro
gekostet, die nun nicht mehr für die Altersversorgung zur
Verfügung stehen. Wo bitte – jenseits der eigenen Überver-
sorgung – sorgt Brüssel für Wohlstand?

„Europa ist nicht der Wilde Westen, sondern eine soziale
Marktwirtschaft"
Mit der Einführung der innereuropäischen Arbeitnehmerfreizügigkeit sind die Löhne in vielen Bereichen deutlich
gesunken. Wanderarbeiter aus Rumänien, Bulgarien oder
Portugal arbeiten als angeblich selbständige Subunterneh-
mer oder auf Basis der berüchtigten Entsenderichtlinie zu
Hungerlöhnen in westeuropäischen Schlachthöfen. Dort
sank das Entgelt für das Zerlegen eines Rindes von 70 Euro
auf 3-5 Euro. Auch im Bau- und Speditionswesen sind die
Entgelte massiv unter Druck geraten. Der renommierte Ge-
sellschaftsforscher Wolfgang Streeck bezeichnet die EU daher als Organisation eines neo-liberalen Exzesskapitalismus'.

„Die EU überwacht die Banken"
Die EU plant die Einführung von EDIS, einer europaweiten staatlichen Absicherung für europäische Spareinlagen. Verspekuliert sich eine Bank, springt der Steuerzahler ein. Damit sind die Banken von jeder Risikovorsorge befreit. Das ist keine „Überwachung", sondern ein Freibrief für Kasinokapitalismus und Spekulation auf Kosten der Bürger. In Wahrheit tut die EU alles, um marode Banken vor der Abwicklung zu bewahren – so auch bei der skandalösen Rettung der italienischen Pleite-Bank Monte dei Paschi.

„Der Euro ist eine stabile Währung"
In den letzten fünf Jahren hat der Euro gegenüber dem Dollar 18 % verloren, 12 % gegenüber dem chinesischen Yuan, 8 % gegenüber dem Franken. Dieser Kaufkraftverlust hat das Leben für Europäer deutlich teurer gemacht, da besonders Öl und Gas in Dollar bezahlt werden.

„Europa kämpft für Steuergerechtigkeit"
Als Premier von Luxemburg hat Jean-Claude Juncker US-Konzernen großzügige Steuervermeidung ermöglicht. Anderen europäischen Ländern entgingen dadurch Steuerzahlungen in Milliardenhöhe. Doch ausgerechnet jener Juncker, der die europäische Steuergerechtigkeit und Solidarität zugunsten seines eigenen Kleinstaates unterlief, wurde Chef der EU-Kommission. Das macht den Kampf der EU für Steuergerechtigkeit nicht eben glaubwürdig. Steuerschlupflöcher für Konzerne in Höhe von 1.000 Milliarden Euro pro Jahr sind kein Ausweis von Gerechtigkeit gegenüber dem Bürger und kleineren Unternehmen.[2]

„Die EU bringt junge Menschen in Arbeit"
Die Bekämpfung der Jugendarbeitslosigkeit sei, so Kommissionschef Juncker bei Amtsantritt 2014, die wichtigste Aufgabe der EU. Heute sieht es so aus: 39 % Jugendarbeitslosigkeit in Griechenland, 33 % in Italien und Spanien, 20 % in Frankreich, in Portugal 18 %, in Schweden 17 %.[3] Die EU ist an ihrem eigenen Anspruch komplett gescheitert. Statt sich konsequent um die eigene abgehängte Jugend zu bemühen, erleichtert sie per „Migrationsagenda"[4] den Zuzug weiterer Jugendlicher aus Drittstaaten.

„Die EU sorgt für einen fairen Handel mit anderen Teilen der Welt"
Das sehen viele Afrikaner wohl anders. Mit dem Export hochsubventionierter Lebensmittel hat sie den dortigen Bauern die Lebensgrundlage entzogen, wie zuvor den Fischern mit ihrer rücksichtslosen Überfischung der afrikanischen Küstengewässer. Damit ist die EU selbst verantwortlich für jene illegale Massenmigration, die sie angeblich eindämmen will.

„Die EU sorgt für sauberes Wasser"
Tatsächlich hat die EU über Jahre die Privatisierung kommunaler Wasserwerke gefördert, was der Wasserqualität nicht immer zuträglich war. Erst nach massiven Proteste aus betroffenen Ländern gegen diese neo-liberale Praxis lenkte die EU schließlich ein.

„Die EU bekämpft den Terrorismus"
„Tatsache ist: Die EU finanziert den Terrorismus. Ungefähr 800 Millionen Euro überweist die EU jedes Jahr an die palästinensischen Autonomiegebiete, die von den

radikalmuslimischen Terrororganisationen Hamas und Al Fatah beherrscht werden. Die errichten mit dem Geld unter anderem Schulen, die nach Attentätern („Märtyrern") benannt und in denen selbst Kleinkinder im Hass auf Israel erzogen werden. Zudem stammen aus diesen Mitteln die Renten für Witwen von Selbstmordattentätern, die Israelis in den Tod gerissen haben. Damit fördert die EU unmittelbar den Terrorismus gegen Israel und – da die Hamas überall auf der Welt den „Westen" attackiert – auch in Europa."

Fazit: Fast immer ein X für ein U

Offiziell gibt es in Brüssel 24 Amtssprachen, tatsächlich gibt es eine mehr – und sie ist die wichtigste: Die Sprache der Lüge und Selbstverklärung.[5]

1   https://ec.europa.eu/germany/sites/germany/files/60gruende_web_210317.pdf

2   www.n-tv.de/wirtschaft/EU-will-Steuerschlupfloecher-stopfen-article11792586.html

3   https://de.statista.com/statistik/daten/studie/74795/umfrage/jugendarbeitslosigkeit-in-europa/

4   https://ec.europa.eu/commission/priorities/migration_de

5   Dr. Nicolaus Fest kommentierte das EU-Pamphlet auch im Video-Format: https://youtu.be/Cq8p6fpsjDc

Gunnar Beck

In der EU ist Recht nicht mehr als die Fortführung der Politik mit anderen Mitteln

Das Handeln der Europäischen Zentralbank (EZB) in der Eurokrise steht in immer eklatanterem Widerspruch zu den gültigen EU-Verträgen. Eine herausragende rechtsbeugende Rolle nehmen dabei die EU-Gerichte und das deutsche Bundesverfassungsgericht ein.

Rechtsstaatlichkeit als Grundlage der Demokratie

Spätestens seit dem 18. Jahrhundert und in Deutschland seit Immanuel Kant ist der Rechtsstaat ein Zentralbegriff politischen Denkens in Europa. Zusammen mit den Begriffen der Demokratie und der fundamentalen Menschenrechte bildet der Rechtsstaat seit dem Zweiten Weltkrieg die Grundlage legitimer Herrschaft. Er bedarf in der Praxis keiner Rechtfertigung mehr. Rechtsstaatliche Prinzipien finden sich in nahezu allen europäischen Verfassungen. In den EU-Verträgen erwähnen sowohl die Vertragspräambeln und ganz unmissverständlich Artikel 2 des Vertrags über die Europäische Union (EUV) den Rechtsstaat als Grundlage legitimen politischen Handelns in der EU.

Im Kern ist der Begriff des Rechtsstaats glasklar: Recht bindet nicht nur die Regierten, sondern auch die Regierenden – nicht nur den Bürger, sondern auch die Regierung. Dies gilt für gültiges Recht, bis es geändert ist, und für Verfassungsrecht, sofern unabänderbar, auf unabsehbare Zeit. Im

Rechtsstaat sind demokratisch gewählte Regierungen damit zweifach verantwortlich – zum einen den Wählern, wenn sie das Vertrauen der Mehrheit bei Wahlen verlieren, und zum anderen der Justiz, wenn sie Recht brechen. Rechtsstaat und Gewaltenteilung sind untrennbar.

Auch die EU sieht sich als Rechtsstaat und ihre Institutionen sind durch gültiges Recht gebunden. Außerdem steht die Mitgliedschaft in der EU nach den sogenannten Kopenhagener Beitrittskriterien nur rechtstaatlich organisierten Staaten offen. Missachtung von Recht oder Menschenrechten sind zudem ein zureichender Grund für den Ausschluss aus der Gemeinschaft. Mit Inkrafttreten des Lissabonner Vertrages 2009 wurde das Bekenntnis der EU und ihrer Mitgliedstaaten zum Rechtsstaat durch Artikel 2 EUV noch einmal theoretisch bekräftigt. Je lauter indes das Bekenntnis, desto fragwürdiger erscheint die rechtsstaatliche Praxis in der EU.

EU-Rechtsbrüche als „Interpretation" von EU-Rechtsregeln

Bereits die Aufnahme Italiens und Griechenlands in die Euro-Gruppe war nur durch Verschleierung der wahren Finanzlage beider Staaten möglich. Spätestens seit 2010 bricht die EU nun offen Unions- und nationales Recht. Dies räumte Christine Lagarde 2011 freimütig und zugleich schamlos ein: „Wir brechen Recht", so die damalige französische Finanzministerin und heutige Direktorin des Internationalen Währungsfonds, „um den Euro zu retten". Das Ausmaß der Rechtsmissachtung ist damit allerdings noch nicht erfasst.

Bei Gründung der Währungsunion mogelten sich sowohl
Italien und Griechenland nur mit verdeckter Hand in den
Euro, wobei die Gerüchte um die Rolle des gegenwärtigen
EZB-Präsidenten und damaligen italienischen Staatssekre-
tärs und Goldman-Sachs-Vizepräsidenten Mario Draghi
beim Entwurf der Taschenspielertricks beider Länder nicht
abreißen wollen. Seit 1999 brachen Jahr auf Jahr mindestens die Hälfte aller Eurostaaten die Defizit- und Schul-
denstabilitätskriterien. Die Euro-Zone hat den Rechtsbruch durch die Politik hoffähig und zu einer schlechten
politischen Angewohnheit werden lassen.

Seit 2010 ist die Währungsunion eine Art „Wilder Westen"
für die EZB, die EU-Institutionen und die EU-Mitgliedstaaten und ihre staatstragenden Gerichte. Die nationalen
Verfassungsgerichte wie auch die EU-Gerichtshöfe werden
dabei zu willfährigen Handlangern von rechtswidrigen Eu-
ro-Gruppe-Beschlüssen und institutionalisierten Rechts-
missbrauchs durch die allmächtige EZB.

Eine herausragende rechtsbeugende Rolle nehmen dabei
die EU-Gerichte ein. Sie bestätigen regelmäßig EU-Rechts-
brüche als legitime Interpretation von EU-Rechtsregeln,
die nach allen Regeln der üblichen Rechts- und Vertragsin-
terpretation nicht mit der EU-Rechtspraxis in Einklang zu
bringen sind. Dies streiten in der öffentlichen Diskussion
zwar nahezu alle EU-Juristen ab, räumen es jedoch unver-
blümt im privaten Meinungsaustausch ein.

Stets zu EZB-Diensten: Das Bundesverfassungsgericht

Ebenso verhält es sich mit der Rechtsauslegung des hochge-
achteten deutschen Bundesverfassungsgerichts, dessen Urteile

in die EU betreffenden Rechtsfragen seit 2010 der rechts-
beugenden Haltung des EuGH nahezukommen scheinen. In
seinem berühmten Maastricht-Urteil von 1993 konstatierte
das Gericht selbstsicher: „Die Bundesrepublik Deutschland
unterwirft sich mit der Ratifikation des Unions-Vertrags
nicht einem unüberschaubaren, in seinem Selbstlauf nicht
mehr steuerbaren ‚Automatismus' zu einer Währungsunion."
Das Gericht untersuchte in diesem Zusammenhang auch
den Klagepunkt, die Währungsunion berge im Ansatz bereits die Haftungsunion, und wies Bedenken dieser Art entschieden zurück: Das Nichtbeistandsgebot und das monetäre
Staatsfinanzierungsverbot seien vertragsrechtlich abgesichert,
so das Gericht, und böten somit zureichende Gewähr wider
alle Unkenrufe der Euro-Gegner.

Aus dem Maastricht-Urteil nähren Euro-Skeptiker seitdem
die Hoffnung, die Verfassungsrichter würden irgendwann
einmal ihre Drohung wahrmachen, und allzu dreisten Ver-
tragsverletzungen eine Grenze ziehen. Doch Deutschlands
höchsten Richtern fehlt offensichtlich nicht nur das Ur-
teilsvermögen, sondern auch der Mut zum Recht.

Im September 2011 urteilte das Verfassungsgericht, dass
zu diesem Zeitpunkt rechtlich eingeräumte Kredite und
Garantien Deutschlands an andere Euro-Staaten von insgesamt 170 Milliarden Euro die Budgetautonomie des Bun-
destages nicht wesentlich beeinträchtigten, obgleich sie 60
Prozent des Bundeshaushalts 2011 ausmachten. Genau ein
Jahr später degradierten die Verfassungsrichter den selbst-
formulierten Souveränitätsgrundsatz von der Budgethoheit
des deutschen Parlaments endgültig zum schlechten Witz,
als sie in ihrem ESM-Urteil vom September 2012 ernsthaft verkündeten, die Budgetautonomie des Bundestags

sei selbst mit Zahlungsverpflichtungen und -garantien von mindestens 194 Milliarden Euro, akkumulierten Target2-Krediten von über 700 Milliarden Euro und möglichen Verlusten aus EZB-Anleihekäufen von Dutzenden, vielleicht weiteren Hunderten von Milliarden Euro problemlos vereinbar.

Im Grundsatz, so das Gericht, sei die Budgethoheit selbst bei unbegrenzten Zahlungsverpflichtungen nicht verwirkt, sofern das Parlament nur selbst einer Ausweitung des ESM zustimmte. Jeder, so hätte das Gericht auch im Klartext sagen können, darf sich selbst in Sklaverei begeben, ob freiwillig oder unter dem Zwang der Umstände, doch zum Glück sei damit ein Sklaverei-Verbot wie in der Europäischen Konvention nicht im mindesten in Frage gestellt.

Im Juni 2016 bestätigte das Verfassungsgericht das erste, sogenannte OMT-Anleihekaufprogramm[1] trotz seiner offensichtlichen Missachtung des Verbots der monetären Staatsfinanzierung in Art. 123 AEUV (Vertrag über die Arbeitsweise der Europäischen Union) als legitimes Mittel der Geldpolitik. Kaum ein Beobachter zweifelt daran, dass die Verfassungsrichter in diesem Jahr auch das in seinem Umfang historisch beispiellose QE-Programm der EZB[2] für rechtmäßig erklären – auch hier eindeutigen Vertragsverboten zum Trotz.

Deutschland hat mittlerweile zusammen mit den Target2-Krediten den Krisenstaaten zwischen 850 und 1.000 Milliarden Euro an ungesicherten Krediten eingeräumt. Diese Summe wird sich durch die Pläne für eine eurozonenweite Banken- und Haftungsunion für alle maroden EU-Banken weiter erhöhen. Ein Blick zurück auf das Maastricht-Urteil billigt nur einen Schluss: Das deutsche

Verfassungsgericht nimmt weder sich selbst, noch den deutschen Wähler ernst.

Der Willfährigkeit des mächtigsten nationalen Gerichts versichert, nimmt es kaum Wunder, dass die EU-Gerichte auch weiterhin Rechtsbruch in der EU sanktionieren und Vertragsübertretungen durch die EU-Institutionen und Mitgliedstaaten regelmäßig unter Verweis auf hypothetische Vertragsziele und das Fernziel einer „immer engeren Europäischen Union" als eine Art Notstandsrecht im Krisenmodus gutheißen.

Krise der politischen Kultur

Die Währungsunion und die Schuldenkrise vieler Euromitgliedstaaten haben dazu geführt, dass das Handeln der EU-Institutionen, der Mitgliedstaaten und vor allem der EZB in immer eklatanterem Widerspruch zu den gültigen Verträgen und nationalem Verfassungsrecht steht. Die EU-Verträge sagen eines, doch die Regierungen und die EU wollen es und handeln anders. Die EU- und nationalen Gerichte assistieren ihnen dabei. Das Recht weicht der politischen Willkür, und wird zum politisch willfährigen richterlichen Entscheid wider Gesetz und unmissverständlichem Text und Wortlaut zum Trotz.

Allerdings lässt sich der effektive Zusammenbruch des Rechtsstaates in der Europäischen Union nicht ohne Verweis auf den umfassenden Verfall unserer politischen Kultur und mangelnde rechtliche und demokratische Kontrolle über zentrale politische und wirtschaftliche Entscheidungen wirklich ermessen. Die Krise des Rechtsstaats ist auch eine Krise der politischen Kultur und der zunehmenden

Fragwürdigkeit unserer politischen Institutionen, die dem Gedanken demokratischer Verantwortlichkeit allenfalls noch formal durch rituelle Wahlen zwischen mehr oder weniger identischen politischen Parteiprogrammen genügen und die langfristig orientiertes Handeln praktisch unmöglich machen. Der Verfall unseres Rechtsstaates ist Teil dieses Prozesses. Die Verträge setzen dem Handeln der EU-Institutionen, und das heißt sowohl der Kommission als auch der EZB, enge Grenzen. Diese vertraglich fixierten Grenzen gerichtlich zu schützen, weigern sich die EU-Gerichte und das Bundesverfassungsgericht seit Beginn der Eurokrise vor mittlerweile fast zehn Jahren beharrlich. Damit werden unsere Regierungen und allen voran die deutsche Regierung fortfahren, wenn der Wähler ihnen nicht irgendwann die notwendigen Grenzen zieht, die die Gerichte weder Mut noch Neigung zu ziehen mehr zeigen. Dazu bedarf es einer wohltemperierten Aufklärung, das heißt des Weges aus der (nicht immer) selbstverschuldeten Unmündigkeit – verbunden, wie Kant es formulierte, mit dem Mut zum Gebrauch der eigenen Vernunft. Wahlspruch unserer Politik sollte daher sein: Sapere aude – habe Mut dich des eigenen Verstandes zu bedienen – wider das Geläufige und die politisch korrekte Lehre vom Segen des Euro und der verführerischen EU-Propaganda zum Trotz.

---

1 Outright Monetary Transactions (OMT): etwa „eindeutiges geldpolitisches Anleihekaufprogramm der EZB"; www.bpb.de/politik/wirtschaft/schuldenkrise/193964/glossar?p=6

2 Quantitative Easing (QE): "Quantitative Lockerung"; https://www.ecb.europa.eu/explainers/show-me/html/app_infographic.de.html

Michael Adam

Von der Idee der Subsidiarität
in den Abgrund der Regelungswut

Brüssel steckt im Regelungsdickicht fest

Anfang 2014 wurden 21.000 Verordnungen und Richtlinien der Europäischen Union gezählt. Allein für Januar 2019 weist die europäische Statistik 73 neue Rechtsakte sowie 21 ändernde Rechtsakte aus. Dabei verbinden viele Menschen mit dem Begriff der „Regelungswut von Brüssel" nicht allein die massenhaft Anzahl der Rechtsakte, sondern vor allem eher skurrile Beispiele, wie etwa die Regelung aus der EU-Verordnung 1677/88, die besagte, dass eine Gurke der besten Güteklasse gut geformt und praktisch gerade sein muss und die maximale Krümmung nur 10 Millimeter auf zehn Zentimeter betragen dürfe. Die EU hat aber etwa auch den Durchmesser einer „Pizza Napoletana" geregelt (Durchmesser von höchstens 35 Zentimetern) sowie die Länge von Kondomen (mindestens 16 cm).

Während derartige Regelungen eher ein Schmunzeln hervorrufen, führte das schrittweise Verbot von Glühbirnen ab 2009, jedenfalls in Deutschland, zu einer Unruhe unter der Bevölkerung und hatte Hamsterkäufe zur Folge.

Zu Recht fragen sich die Menschen in Europa: Muss denn die EU alles und jedes bis in das Kleinste regeln? Und ein klares „Nein" auf diese Frage impliziert für jeden realitätsnahen Politiker die Zusatzfrage: Mit welchen Mitteln kann ich dem Brüsseler Regulierungswahn ein Ende bereiten?

Die EU und das vergessene Subsidiaritätsprinzip

Die „Europäische Union" ist, anders als ihr Ehrfurcht einflößender Titel vermuten lässt, weder ein Bundesstaat noch ein Staatenbund, sondern eine von souveränen Staaten gebildete überstaatliche Organisation, eine so genannte „supranationale Gemeinschaft". Diese unterhält eigene Institutionen, wie etwa die Kommission, das Europäische Parlament und den Europäischen Gerichtshof (EuGH). Während die Begriffe Kommission und Gerichtshof einigermaßen präzise die Aufgabe und die Kompetenz der jeweiligen Institution erkennen lassen und dabei euphemistische Überhöhungen begrifflich vermeiden – schließlich hätte es auch „Europaregierung" oder „Oberster Gerichtshof Europas" heißen können –, ist der Begriff „Parlament" zwar vielversprechend, aber eindeutig irreführend. Denn diesem „Haus der Redenden" (aus dem Altfranzösischen „parlement" für „Unterredung") fehlt es sowohl an demokratischer Legitimität, als auch an der wesentlichen Kompetenz eines echten Parlamentes, dem Recht, Gesetze vorzuschlagen.

Dennoch ist all diesen Institutionen eines gemeinsam, nämlich dass sie Kompetenzen ausüben, die ihnen von den Mitgliedstaaten der Europäischen Union verliehen wurden. Die Ausübung von Kompetenzen ist grundlegend in Art. 5 des Vertrages über die Europäische Union (EUV oder „Lissabon-Vertrag") geregelt.[1]

Die Institutionen der Europäischen Union verfügen nach Art. 5 Abs. 2 EUV nur dann über das Recht, eine für alle Mitgliedsstaaten geltende Regelung zu treffen, wenn die Mitgliedstaaten die betreffende Kompetenz der Union übertragen haben. Der Grundsatz der begrenzten Einzelermächtigung wird in Art. 5 Abs. 3 EUV durch das „Subsidiaritätsprinzip" ergänzt. Die EU soll in Bereichen, die nicht in ihre ausschließliche Zuständigkeit fallen, nur tätig werden, sofern und soweit die Ziele der in Betracht gezogenen Maßnahmen von den Mitgliedstaaten weder auf zentraler, noch auf regionaler oder lokaler Ebene ausreichend verwirklicht werden können oder auf Unionsebene besser zu verwirklichen sind. Mit anderen Worten postuliert das Subsidiaritätsprinzip ein „Verbot mit Erlaubnisvorbehalt": Keine europäische Regelung darf verfügt werden, wenn ein Problem auf nationaler Ebene zufriedenstellend gelöst werden kann.

Nun sollte man meinen, dass die Kompetenzschranken des EU-Vertrags ausreichend wären, die Mitgliedsstaaten vor der Brüsseler Regelungswut zu bewahren, insbesondere auch der Gefahr entgegenzuwirken, dass nicht bestehende „Kompetenz-Kompetenzen" der Institutionen zu einer schleichenden Zentralisierung der EU führen.[2] Dem ist aber nicht so. Vor allem, weil in Brüssel immer wieder die Behauptung obsiegt, nur europaweit einheitlich geltende Regelungen seien geeignet, die Probleme der Völker Europas zufriedenstellend zu lösen.

Dabei ist nicht von der Hand zu weisen, dass durchaus Probleme auf dieser Welt existieren oder noch entstehen können, die auf nationaler Ebene nicht lösbar sind oder die einen zwischenstaatlichen Lösungsansatz verlangen. Hier ist etwa die grenzüberschreitende Luftverschmutzung zu nennen oder Zollfragen des Binnenmarktes, die nur einheitlich geregelt werden können.

Prinzip Freiheit und Eigenverantwortung
statt Bevormundung

Der von uns vertretene Ansatz in der europäischen Politik, dass eine höchstmögliche Freistellung des Individuums von staatlicher Beeinflussung und Bevormundung anzustreben ist, verlangt jedoch, dass europäische Regelungen die Ausnahme bleiben. Und wenn es einer einheitlichen Regelung durch die EU für den Einzelfall bedarf, was wir etwa im Zusammenhang eines Rechtsrahmens für die Benutzung des Internets zugestehen, dann erwarten wir, dass die EU-weite Regelung im Zweifel die Freiheit des Individuums vor der Macht der großen Internetkonzerne schützt und nicht, dass den Konzernen die Möglichkeit oder gar Aufgabe der Zensur im staatlichen Interesse übertragen wird. Aus diesem Grund lehnen wir die so genannten „Uploadfilter" (Artikel 13 der EU-Urheberrechtsreform) kategorisch ab.

Unter dem Gesichtspunkt der Subsidiarität ist darüber hinaus jedwede Einmischung der europäischen Institutionen in Politikfelder abzulehnen, die bestens auf nationaler Ebene verantwortet und geregelt werden können. Die bloße Behauptung, eine zentrale Regelung würde einen Mehrwert für alle erzeugen, lassen wir nicht gelten. Wir verlangen, dass der Mehrwert offensichtlich ist und im Einzelfall objektiv nachzuweisen ist.

Aus der Perspektive der Bürger und kleinerer Unternehmen betrachten wir die ungebrochene Regelungswut der Eurokraten mit besonderer Skepsis. Immer mehr okkupieren sie Politikfelder, die eindeutig in der Entscheidungsgewalt der Mitgliedstaaten, Landesregierungen und Kommunen verbleiben sollten.

Nehmen wir als Beispiel die Sozialpolitik. Die Umsetzung sozialpolitischer Maßnahmen gehört in den Kernbereich der Verantwortung der Mitgliedsstaaten. Die Bürger übertragen diese Verantwortung im Wege ihrer Wahlentscheidung ihren lokalen oder nationalen Politikern und tragen zur Finanzierung der etablierten Instrumente bei. So ist es deren Aufgabe und nicht die von Eurokraten, etwa vernünftige Instrumente zum Umgang mit langanhaltender Arbeitslosigkeit zu entwickeln und politisch umzusetzen.

Es ist eine traurige Wahrheit, dass die internationale Finanzkrise vor allem die Völker im Süden Europas und dort primär die Jugendlichen massiv in Arbeitslosigkeit getrieben hat.

Verschärft wurden die Auswirkungen der internationalen Finanzkrise in Europa vor allem durch die gemeinsame Währung des Euro, die ohne Rücksicht auf die unterschiedliche Leistungsfähigkeit der einzelnen Volkswirtschaften in vielen EU Mitgliedstaaten eingeführt wurde. Für die Abwehr der Finanzkrise sowie die Stabilisierung des Euro mittels einer langfristigen Austeritätspolitik waren diese Mitgliedsstaaten in keiner Weise vorbereitet.

Grundsätzlich ist es nicht zu kritisieren, wenn die Mitgliedsstaaten der EU unter dem Einfluss dieser Krise oder anderer Krisen gemeinsame Auswege suchen und gemeinsame Strategien beratschlagen. Es ist zu berücksichtigen, dass Solidarität zwischen den Mitgliedsstaaten unter gewissen Voraussetzungen richtig ist. Dies gibt aber nicht Anlass, einen europäischen Superstaat zu formieren, der diese Solidarität zwischen unterschiedlichen Völkern ohne ausreichende demokratische Legitimation mit Zwangsmitteln durchsetzen kann.

Europäische Arbeitslosenversicherung
als Umverteilungsapparat

Das moderne Deutschland ist ein funktionierender Sozial-
staat, obwohl es kritisch gesehen werden muss, dass bereits
der wesentliche Teil des deutschen Staatshaushalts für soziale Ausgaben eingesetzt wird. Zu Recht stolz ist Deutschland
auf seine Arbeitslosenversicherung. Diese ermöglicht es ihren Anwartschaftsträgern bei einer temporären Beschäfti-
gungslosigkeit sich mit einem verminderten Einkommen
der Arbeitssuche widmen zu können. Die Kommission ar-
gumentiert nun, eine europäische Arbeitslosenversicherung
müsse geschaffen werden, um das Problem der Arbeitslosigkeit in der gesamten EU einheitlich regeln zu können.
Der Vorschlag lautet, dass die deutsche Arbeitslosenversicherung in der europäischen Versicherung aufgehen soll.
Diese Initiative, die prominent durch den Kommissions-
präsidenten Juncker verkündet wurde, ist offensichtlich mit
dem Prinzip der Subsidiarität nicht vereinbar, denn jedem
Mitgliedsstaat steht es frei, gemäß seinen sozialpolitischen
Vorstellungen und Möglichkeiten eine funktionierende Arbeitslosenversicherung selbst aufzubauen und zu unterhal-
ten. Dabei steht es den Mitgliedstaaten selbstverständlich
auch frei, das deutsche Modell zu kopieren oder gar bessere Modelle einzuführen. Indes ist für Deutschland kein
Mehrwert in einer europäischen Einheitsversicherung zu
erkennen, wenn die eigene und funktionierende Arbeitslosenversicherung, einschließlich deren Vermögen, Teil einer
solchen europäischen Lösung werden soll. Im Ergebnis soll
offensichtlich das Vermögen der Deutschen vergemein-
schaftet, sprich umverteilt werden.

Die Initiative der Kommission zielt also bei genauem Hinsehen nicht auf die Verbesserung des Sozialsystems in den Mitgliedstaaten, sondern der Vorschlag muss als Teil eines umfassenden und abzulehnenden Projekts der Schaffung einer Transferunion, dauerhaft zulasten einzelner Mitgliedstaaten wie Deutschland, gebrandmarkt werden. Eine Transferunion entbehrt jeglicher Rechtsgrundlage. Daher lehnen wir, als europäische Rechtsstaatspartei diese Initiative ab. Das Beispiel macht deutlich, dass der Eurokratie die Stirn zu bieten ist und wir die Idee der Subsidiarität weiter entschieden verteidigen werden.

---

[1] https://dejure.org/gesetze/EU/5.html

[2] Kompetenz-Kompetenz ist im Staatsrecht das Recht, Zuständigkeiten zuzuweisen und zu verändern. Dieses Recht kann nur beim Träger der Souveränität eines Staates liegen.

Bernhard Zimniok

Die EU-Verteidigungspolitik auf Geisterfahrt

Die Europäische Union ist mehrfach gespalten. In der Frage der Identität und den Werten zwischen Ost und West, ökonomisch zwischen Nord und Süd. Die Probleme werden größer, treten immer offener zutage und können nur mühsam überdeckt werden. Überhastete und falsche Entscheidungen der Vergangenheit rächen sich immer mehr. Die Krisensymptome treten immer deutlicher zutage: Der Euro erweist sich als Instabilitätsfaktor, eine gescheitere Migrationspolitik trägt Mitschuld am Brexit, nicht einmal der Schutz der Außengrenzen – als wichtigste Voraussetzung für das Funktionieren der Personenfreizügigkeit im Schengenraum – ist mehr möglich.

Die einzige Lösung, die den Politikern der länger schon regierenden wie opponierenden Parteien einfällt, sind inhaltsleere Phrasen: „Mehr Europa" und ein „Weiter so". Vorschläge wie eine gemeinsame Arbeitslosenversicherung oder eine länderübergreifende Bankenhaftung sind nicht zielführend, wenn außer Deutschland kaum noch zahlungskräftige Geldgeber für solche EU-weiten Fremdhaftungsträume gerade stehen können. Statt Probleme zu lösen, werden ständig neue hervorgerufen – selbstverständlich unter Schaffung neuer EU-Institutionen und unter Einstellung hochbezahlten Personals (rund 4.000 der 50.000 EU-Beamten verdienen mehr als der deutsche Bundeskanzler!). Echte Reformansätze sehen anders aus!

Das irrationale Projekt einer EU-Armee

So wird auch im Sicherheitsbereich mangels angemessener
Konzepte eine alte Überlegung aus der Mottenkiste heraus-
gekramt, die der Union der sozialistischen Sowjetrepubli-
ken entstammen könnte: Eine zentralistische EU-Armee.
Ein neues großes, ein gemeinsames Projekt muss her, um
von den bestehenden Problemen abzulenken und sie zu
übertünchen. Was will man denn eigentlich genau? Hier
bleibt die im November 2017 aus der Taufe gehobene Idee
der „Europäischen Verteidigungsunion" im Ungefähren.
Die langfristigen Konsequenzen für die nationalen Arme-
en werden nicht benannt: Nämlich deren Abschaffung und
damit das Verkommen nationaler Demokratien und Souveränität zur puren Fassade, wenn die demokratische Kontrolle über den Einsatz der Streitkräfte entfällt.

EU-Armee und NATO als widersinnige Doppelstruktur?

Halten wir fest: Europa wird seit 1949 von der NATO
gegen äußere Feinde verteidigt. Deutschland ist seit 1955
Mitglied in dieser Allianz. Dieser Schutz hat für die
NATO-Mitglieder funktioniert, wenngleich die Leistungen
in der Sicherung einer stabilen Nachbarschaft Europas in
Ost und Nahost schon etwas kritischer evaluiert werden
müssen. Unsere „westlichen Werte", unsere Gesellschaft
und unsere Wirtschaft konnten sich in diesem Bündnis frei
entfalten.
Deutschland hat seit Anfang der 1990er Jahre begonnen
seinen Beitrag nur noch teilweise zu erfüllen und seine mi-
litärischen Fähigkeiten abzubauen. Es geht hier nicht um

eine Fixierung auf eine %-Marke zur Finanzierung der im Grundgesetz definierten Verteidigungsaufgaben. Es geht aber um die Einsatzfähigkeit unserer Armee. Deutschland hat seine Streitkräfte ohne Not von einer Verteidigungsarmee in eine in 17 Auslandseinsätzen verzettelte Interventionsarmee umgebaut und somit in jeder Hinsicht geschwächt: Wir können unseren eigentlichen Aufgaben in dieser Verteidigungsgemeinschaft nicht mehr erfüllen.

Wundert es da, wenn der amerikanische Präsident von den Europäern den 2014 zugesicherten Beitrag nun einfordert? Dass dies zu diesem Zeitpunkt geschieht, ist nicht verwunderlich. Hat man außenpolitisch doch unglaublich dilettantisch seitens unserer Regierung gehandelt. Keine Gratulation zur gewonnenen Wahl des neuen Präsidenten und unbeherrschte Kritik an seiner Person haben unser Verhältnis zu unserem wichtigsten Verbündeten der Nachkriegszeit in den vergangenen zwei Jahren bestimmt. Auf der anderen Seite gratuliert der Bundespräsident dem von religiösen Hardlinern geführten „Gottesstaat Iran" zum 40. Jahrestag der „Islamischen Revolution". Das ist politisches Irrlichtern und Dilettantismus.

Die Bundeskanzlerin hat nach dem G7-Gipfel im Mai 2017 auf Sizilien völlig überrascht festgestellt, dass „die Zeiten, in denen wir uns auf andere völlig verlassen konnten, … ein Stück vorbei" sind. Liebe Frau Merkel, das ist auch ein Resultat Ihrer Regierung. Massive außen- und sicherheitspolitische Fehlleistungen, die ohne Beispiel in der bundesrepublikanischen Geschichte sind!

Ungeklärte Fragen zur EU-Armee

Betrachtet man nun diese Idee der gemeinsamen EU-Armee etwas genauer, dann stellt man schnell fest, dass eine Vielzahl ernsthafter Fragen bei der Umsetzung auftaucht. Darüber spricht man natürlich im Vorfeld der Wahl zum Europäischen Parlament nicht: Zu schnell würde diese Idee entzaubert. Zu schnell müsste man die Denkfehler offenlegen und sich eingestehen, dass in der gegenwärtigen politischen Verfasstheit Europas das Projekt zum Scheitern verurteilt ist. Man verkauft dem Wähler dies lieber als konsequenten Schritt zu einem einigen und starken Europa. Spricht von einem Schub für die europäische Idee, von Kosteneinsparungen, von Synergieeffekten.

Das Gegenteil ist der Fall: Fragen nach dem Umfang, der Struktur, der gemeinsamen Kommandosprache sind zu lösen. Schwieriger wird es mit der Ausrüstung. Was soll die gemeinsame Basis sein, welche Waffensysteme? Neue gemeinsam zu entwickeln ist nicht nur teuer, sondern dauert viele Jahre. Welche Länder sollen welche Waffen und Waffensysteme liefern, welche Länder müssen zurückstecken und damit nationale Interessen opfern? Diese Verhandlungsherausforderungen wären mit gutem Willen noch zu lösen, wenn arbeitsteilige Ansätze angestrebt würden: zum Beispiel Schiffe aus Großbritannien und Deutschland, Flugzeuge von Frankreich, Gewehre aus Spanien oder Tschechien.

Doch schwieriger ist die Frage der Finanzierung. Soll diese aus den nationalen Verteidigungsbudgets gesichert werden? Damit würde eine Schwächung der NATO in Kauf genommen, sollte die EU-Armee nicht ebenso unter

NATO-Kommando stehen wie bisher die nationalen Armeen der NATO-Mitglieder.

Weitere entscheidende Kernfragen bleiben offen:

- Wer befehligt die geplante EU-Armee?
- Wer übt die demokratische Kontrolle aus?
- Was soll diese Armee bewirken?

EU-Armee versus reale nationale Interessen

Da Europa sich bereits unter dem Dach der NATO gegen äußere Feinde verteidigen kann, kommen nur noch der Einsatz nach innen oder die Durchsetzung außenpolitischer Ziele mittels militärischer Interventionen in Betracht. Haben wir gemeinsame außenpolitische Ziele? Ein klares Nein! Die europäischen Länder verfolgen eindeutig unterschiedliche Interessen und Ziele, beharren meist fest auf ihren Partikularinteressen. Diese werden sie auch nicht zugunsten einer zentralistischen Autorität in Brüssel aufgegeben.

Halten wir fest: Es gibt in der europäischen Außenpolitik nur teilweise deckungsgleiche Interessen.

Dann stellt sich unwillkürlich die Frage nach dem Einsatz im Inneren Europas. Sollen unzufriedene Bürger, wie etwa die Gelbwestenbewegung in Frankreich bekämpft werden, wo angeblich bereits die europäische militärische Polizeitruppe „Gendfor" zum Einsatz in der Aufstandsbekämpfung kam? Sollen gar unfolgsame Staaten diszipliniert werden? Keine Antwort!

Dann stellt sich die nächste Frage: Wem untersteht diese Armee? Wer setzt sie auf demokratisch legitimiertem Wege ein? Soll es das Europäische Parlament sein? Eher nein, sind die

Mitsprachemöglichkeiten dieser Institution doch ohnehin sehr begrenzt. Also ist zu vermuten, dass die EU-Kommission oder das US-amerikanische NATO-Oberkommando dieses zweifelhafte Schwert in die Hand nehmen und ohne ausreichende demokratische Legitimation einsetzen wird.

Ähnlich problematisch sind die nationalen Befindlichkeiten und Vorbehalte der Mitgliedsländer gegenüber dem „Projekt EU-Armee". Glaubt wirklich jemand ernsthaft, dass Frankreich seinen Führungsanspruch abtreten wird? Was soll in diesen Zusammenhängen mit den französischen Atomwaffen geschehen? Die neue „Vision Stratégique" der französischen Streitkräfte spricht weder von der NATO, einer gemeinsamen EU-Armee, noch nicht einmal von der EU. Frankreich steht im Mittelpunkt und denkt nicht im Entferntesten an die von Deutschland erträumte „Europäisierung" des permanenten Sitzes Frankreichs im UN-Sicherheitsrat.

Niemand thematisiert die Frage, wie man die ehemaligen Ostblock-Staaten davon überzeugen kann, dass eine EU-Truppe oder die westeuropäische Bevölkerung genauso zuverlässig an ihrer Seite steht, wie die USA. Vergessen wir nicht: Ein Großteil der deutschen Bevölkerung wäre nicht einmal im Rahmen der NATO bereit, für die Sicherheit anderer Staaten zu kämpfen.

Fazit: Verteidigung muss unter demokratischer Kontrolle bleiben

Eine Menge offener Fragen, eine Vielzahl an Problemen, die mit dem „Projekt EU-Armee" verbunden sind – und

keine überzeugenden Antworten. Es bleibt dabei: Europa
wird von der NATO verteidigt, wir brauchen keine Dop-
pelstrukturen ohne demokratische Kontrolle durch die
Bürger.

Wir, die AfD, lehnen deshalb eine EU-Armee ab! Wir
wollen keine weitere Abgabe von Souveränitätsrechten an
demokratisch nicht ausreichend legitimierte, bürgerferne,
superstaatliche Zentralorgane. Verteidigung ist Angele-
genheit der jeweiligen europäischen Nationalstaaten. Die
Entscheidung über den Einsatz einer nationalen Armee soll
und muss bei den nationalen Parlamenten bleiben, die ihren Bürgern Rechenschaft schuldig sind!

Sylvia Limmer

Deutschland, quo vadis? Die gefährlichen Basta-Konzepte der Klimastreber

Wer heute aus Versehen als Außerirdischer im politischen Betrieb der EU landet, der muss unweigerlich zu der Erkenntnis gelangen, dass die Klimaschutzpolitik die oberste Priorität besitzt. Dieser hat sich alles andere unterzuordnen. Was sind schon Wirtschaft oder die sozialen Belange des kleinen Mannes, wenn nicht am Anfang eines jeden neuen Tages die bange Frage steht, was kann ich heute für das Klima tun?

Gefährliche Ideologien statt Umweltschutz

Es geht längst nicht mehr um den angeblich grünen Umweltschutzgedanken oder die Verbesserung der Lebensbedingungen für reale Menschen, ein Gedanke, der per se den Linken in die planwirtschaftlichen Genossenschuhe geschoben wird. Überhaupt die Menschheit! Sie gilt inzwischen als das erste Glied in der Verursacherkette und hat daher kein Mitleid verdient. Nicht erst seit einer Verena Brunschweiger, die aus vermeintlich ökologischen Gründen fordert, auf das Kinderkriegen zu verzichten, meinen es Ökodemagogen bitterernst mit der Aussage, dass ein Kind schädlicher als 24 Autos wäre.[1] Diesen Schluss legten 2017 Seth Wynes von der Universität Lund in Schweden und Kimberley Nicholas von der University of British Columbia aus Kanada nahe.

Warum dies ausgerechnet für die sowieso schon schwindende Bevölkerung der Industrienationen gelten soll, erschließt sich mir nicht. Es bleibt mir als Mutter von zwei „Klimakillern" nur die nicht minder gehässige Hoffnung, dass solches die Fortpflanzung ablehnende Gedankengut selbstlimitierend ist. Oder eine Greta Thunberg, deren „Panik", die von einer fast rührenden, kindlichen Naivität zeugt, von fiesen PR-Strategen und grünen Politik-Akteuren benutzt wird.[2] Medial zur „schwedischen Klimaaktivistin" gekürt, wurde sie sogar für den Friedensnobelpreis nominiert. Nichts ist den Medien zu schwachsinnig in einer chronisch pathologischen Klimadiskussion.

Der Mensch nur noch als Störenfried auf einer ansonsten reibungslos funktionierenden Erde. Die Rettung von Menschen, Bäumen, Tieren und Pflanzen war gestern. Heute „retten" wissen- und gewissensbefreite Ideologen lieber das Klima. Eine politische Phalanx aus Grün, Links, Linker und noch ein bisschen mehr Links widmet sich aus vollster Überzeugung der Abschaffung unserer Industrie und damit unseres hart erarbeiteten Wohlstandes und würde am liebsten gleich die Autos und pupsende Kühe verbieten, während sie die „Energie wendet".

Wer es wagt, vorsichtig Kritik zu üben oder in guter alter wissenschaftlicher Tradition die neuen Weltretter mit Argumenten zum Duell zu fordern, erlebt schnell sein persönliches Waterloo. Er wird bestenfalls in die Häretiker-Ecke abserviert, wenn ihn seine Äußerungen nicht gleich als „rechtsradikalen" Beelzebub qualifizieren. Praktischerweise erspart das die sachliche Auseinandersetzung.

Michael Klonovsky bringt es auf den Punkt: „Der Klimawandel wird der Menschheit geringere Probleme bereiten als die Maßnahmen, die sie zu dessen Verhinderung ergreift. Die Klimarettung ist wahrscheinlich eine größere Bedrohung als der Klimawandel."[3]
Und das geht so ...

Das Klima im Wandel

Seit Jahrzehnten bereits arbeiten sich tausende Politiker aus aller Welt auf dem Papier am Klimaschutz ab. Ob Klimarahmenkonvention von 1992, Kyoto-Protokoll von 1997 oder Pariser Klimaabkommen von 2015, in allen Verträgen herrscht Einigkeit, dass die Emissionen von Treibhausgasen beständig zu reduzieren sind, um dem Klimawandel zu begegnen. Während man sich im Laufe der Zeit beim Klimawandel auf die Globaltemperatur fokussierte, wurde bei den Treibhausgasen CO_2 zum Oberschurken gekürt.

Im Pariser Klimaabkommen wurde in rechtsverbindlicher Weise beschlossen, den „Anstieg der durchschnittlichen Erdtemperatur deutlich unter 2°C über dem vorindustriellen Niveau" zu halten.[4] Diese Formulierung als absolut lächerlich und der grenzenlosen menschlichen Hybris geschuldet abzutun, ist definitiv zu kurz gegriffen. Es ist nicht das „Regen komme" der Schamanen. Dahinter steht nicht nur die felsenfeste Überzeugung einer fast ausschließlichen Kausalität, sondern einer eindeutigen, berechenbaren Korrelation nach dem Motto x Moleküle CO_2 bewirken eine genau definierte Temperaturerhöhung um y °C. Aber genau diese Korrelation wird von nicht wenigen Wissenschaftlern in Zweifel gezogen. Oder „wissenschaftlich" ausgedrückt, um die Klimasensitivität[5] von CO_2 wird gestritten wie die Kesselflicker.

Wir brauchen uns im Grunde genommen bloß daran zu erinnern, was uns einmal im Geschichtsunterricht gelehrt wurde. Ein Hannibal konnte die Alpen mit seinen Elefanten nur überqueren, weil die Alpenpässe zu der Römischen Warmzeit vor 2000 Jahren weitgehend eisfrei waren. Ebenso wie vor etwa 1000 Jahren im mittelalterlichen Temperaturoptimum, als die Wikinger Grönland besiedelten und dort Ackerbau betrieben. In beiden Fällen war es wohl deutlich wärmer als heute. Vertrieben wurden die Nordmänner übrigens von der sog. Kleinen Eiszeit ab Mitte des 14. Jahrhunderts. Hier stellt sich auch die Frage, auf welches vorindustrielle Temperatur-Niveau soll sich denn nun die Beschränkung auf 2°C im Pariser Abkommen beziehen? In der medialen Öffentlichkeit wird so getan, als stelle dieses Zwei-Grad-Ziel eine Art Schwelle dar, die es unter allen Umständen einzuhalten gilt. Unterhalb lässt sich die Welt noch retten, alles was über besagten 2°C liegt, sei ein widernatürliches Zuviel und hätte unweigerlich die angekündigte Klimakatastrophe zur Folge.

In der wissenschaftlichen Literatur gibt es diesen Schwellenwert nicht. Es handelt sich um einen künstlich erfundenen Wert, der politisch genutzt wird, um die geforderten Maßnahmen durchzusetzen. Besser gesagt, um eine einzige Maßnahme durchzusetzen, nämlich die Reduktion der CO_2-Emission. Ebenso unverständlich für mich als Naturwissenschaftler ist die Festlegung auf ausschließlich diesen einen Parameter, das Kohlendioxid, das allein für das Klima und seinen Wandel verantwortlich sein soll. Diese Beschränkung, die vom IPCC (Intergovernmental Panel on Climate Change) stammt, ist ebenso willkürlich wie die ominöse Zwei-Grad-Schallmauer. Tatsächlich wird in der Fachwelt sehr lebhaft über die vielfältigen Ursachen des seit Jahrmillionen ablaufenden Klimawandels geforscht und diskutiert, unter anderem über den Einfluss von Wasserdampf, der in Form unterschiedlicher Bewölkung zur Erwärmung beitragen oder abkühlend wirken kann. Die Rolle der Sonne und ihre noch unzulänglich erforschte zyklische Aktivität liegt auf der Hand, schließlich stammen von ihr 99,98 Prozent des Energiebeitrags zum Erdklima.[6]

An dieser Stelle sei auch daran erinnert, dass – anders als in der Wahrnehmung der meisten Klimakämpfer – der IPCC keine wissenschaftliche, sondern eine politische Organisation ist, eben ein „intergovernmental panel". Er selektiert und wählt Forschungsarbeiten nach eigenen, undurchsichtigen Kriterien aus, um sie in erster Linie politischen Entscheidungsträgern als angeblichen Stand der Forschung zu präsentieren. Kritik unerwünscht. In keinem anderen politischen Feld käme man jedoch auf die Idee, dass ein „zwischenstaatlicher Ausschuss" die allein seligmachende Erkenntnis besitzt, die niemand anzuzweifeln hat.

Übrigens, in der Erdgeschichte schwankte nicht allein die Temperatur, sondern auch der CO_2-Gehalt. Allerdings über weite Strecken unabhängig voneinander. Wobei sich generell der CO_2-Gehalt bis heute über 600 Millionen Jahre hinweg stets verringert hat, weil dieses mit der Entwicklung und Evolution des Lebens auf der Erde dem geochemischen Kreislauf entzogen wurde.[7]

Aber lassen wir für den Moment alles eben Gesagte außer acht und nehmen einfach einmal an, dass CO_2 tatsächlich der fiese Klimakiller wäre. CO_2 ist mit 0,04 Volumenprozent ein Spurengas in unserer Atmosphäre. Trotzdem ist es für jegliches Pflanzenwachstum unabdingbar. Ohne CO_2 keine Photosynthese, ohne Photosynthese keine Pflanzen und ohne Pflanzen würde sich kein tierisches oder menschliches Leben regen. Mindestens am Rande muss man sich also zumindest über Journalisten und deren Schulbildung wundern, wenn sie sich über die erste CO_2-freie Stadt freuen.[8] Der anthropogene Anteil am atmosphärischen CO_2 beträgt 3,4 %. Der Anteil Deutschlands daran betrug 2016 genau 2,23 %, das heißt, Deutschland war 2016 für 0,00003 % des CO_2-Gehaltes in der Atmosphäre verantwortlich. Dies ist der Anteil, den Deutschland maximal zur Reduktion von globalem CO_2 beitragen könnte, wenn unsere CO_2-Emissionen auf null gedrückt werden würden. Damit ist selbst bei größter Anstrengung, also der geforderten totalen „Dekarbonisierung", die uns mit allergrößter Wahrscheinlichkeit in ein industrielles und soziales Mittelalter zurück katapultieren würde, die Wirkung bei der Reduktion von CO_2 vernachlässigbar klein. Eine Kohlendioxid-Reduktion, die in nur einem Jahr durch die Steigerung der weltweiten CO_2-Emission mehr als nur zunichte gemacht würde. Es muss jeder für sich selbst entscheiden, wie klug es ist, Billionen Euro Kosten auf die Schultern der Steuerzahler und Bürger zu laden, die Planwirtschaft einzuführen und eine noch nie dagewesene Landschaftszerstörung voranzutreiben, um genau ... nichts zu erreichen.

Die Sache mit dem „Ökostrom"

Auf EU-Ebene sind die politischen Klima- und Energie-
ziele im EU-2020 Klima- und Energierahmen sowie im
EU-2030 Klima- und Energierahmen festgelegt. Letzterer
verfolgt im wesentlichen drei Hauptziele: eine Senkung der
Treibhausgasemissionen um 40 % gegenüber dem Stand
von 1990, eine Erhöhung des Anteils erneuerbarer Energie-
quellen auf mindestens 27 % und eine Steigerung der Ener-
gieeffizienz um mindestens 27 %. Hinter dem Wort Ener-
gieeffizienz-Steigerung verbirgt sich eine gezielte politische
Einflussnahme, um den Energieverbrauch per staatlicher
Verordnung zu senken. Beispiele dafür sind unter anderem
Vorschriften zum Energieverbrauch bei Gebäuden (Stichwort Niedrigenergiehaus, Passivhaus, Dämmvorschriften)
und bei elektrischen Produkten neben einer einheitlichen
Kennzeichnungspflicht auch Vorschriften zum Energieverbrauch. Bekanntestes und meistzitiertes Beispiel ist die
Begrenzung der Saugleistung bei Staubsaugern innerhalb
der EU. Diese staatliche Gängelei ist sowohl aus Verbrau-
chersicht als auch hinsichtlich marktwirtschaftlicher Aspekte ein Ärgernis. Zum einen zahlen die wenigsten Verbraucher freiwillig mehr für ihren Strom, die Entwicklung zu
energieeinsparenden Produkten würde über Angebot und
Nachfrage also sowieso in diese Richtung laufen. Zum anderen ist es absolut sinnfrei, Vorschriften für Produkte zu
erlassen, wenn die technische Entwicklung hinterherhinkt.
So geschehen beim Verbot der Glühbirnen und der Einführung von Energiesparlampen, die per staatlichem Dekret
in den Markt gedrückt wurden. Heute ist diese durch das

enthaltene Quecksilber giftige Energiesparlampe ganz ohne Bürokratie, staatlichen Eingriff und Bürgerbevormundung durch die LED-Technik, die günstiger, energieeffizienter und obendrein ökologisch unbedenklich ist, stillschweigend ersetzt worden.

Auf nationaler Ebene wurde geltendes EU-Recht verankert im Energiekonzept 2010, dem Aktionsbündnis Klimaschutz 2020 und dem Klimaschutzplan 2050. Das Energiekonzept 2010 enthielt noch eine Laufzeitverlängerung der Kernkraftwerke um 12 Jahre, um die Finanzierung der erneuerbaren Energien zu gewährleisten. Selbstverständlich war nach Merkels Kehrtwende in Sachen Kernenergie davon im Aktionsbündnis 2020 keine Rede mehr. Das Ziel der Reduktion der Treibhausgase um 40 % im Vergleich zum Jahr 1990 ist grandios gescheitert. Dies hat nun eine hektische politische Betriebsamkeit ausgelöst. Von Seiten der SPD und Grünen möchte man nun eine CO_2-Steuer auf Strom einführen. Bis 2050 soll Deutschland dann klimaneutral sein. Also genau zu jener Null-Emission gelangen, um damit wenig bis nichts am Gesamt-CO_2 zu ändern. Daneben wird eine Ausweitung der Waldfläche gefordert, die der Aufnahme und Speicherung von CO_2 dienen soll. Mithin also jener Wald, der im Zuge der Landschaftsverspargelung als Industriestandort für Windturbinen sehr großzügig abgeholzt wird.

Stabile Stromversorgung kontra „Flatterstrom"

Eines der immer wieder angeführten Argumente, warum wir unabhängig vom Klimaaspekt die Energiegewinnung aus fossilen Energieträgern umgehend beenden müssen, ist deren begrenzte Verfügbarkeit. Dagegen stehen die erneuerbaren Energien, wie der Name bereits verspricht, ad infinitum und schier grenzenlos zur Verfügung.

Wenden wir uns zuerst einmal der Endlichkeit der klassischen Rohstoffe zu. Es ist sicherlich richtig und vernünftig, in zukünftige technische Entwicklungen zu investieren, die uns unabhängig von Energieträgern wie Erdöl, Kohle und Erdgas machen. Allerdings ist das Szenario der dramatischen Rohstoffverknappung, das schon im 1972 erschienenen Bestseller des Club of Rome „Die Grenzen des Wachstums" als Schreckgespenst bemüht wurde, ins Reich der Mythen einzuordnen. Demnach wären uns die Erdölvorräte bereits 2010 weltweit ausgegangen. Nun ist ja bekanntlich nichts dergleichen passiert. Ein Grund für diese phänomenale Fehleinschätzung liegt darin begründet, dass die Erkundung neuer Lagerstätten ein kontinuierlicher Prozess ist und beständig betrieben wird. Dementsprechend vergrößern sich derzeit tatsächlich unsere Rohstoffressourcen. Basierend auf den sicherlich als vorsichtig zu bezeichnenden Schätzungen der Studie „BGR Energiestudie 2014" der Bundesanstalt für Geowissenschaften und Rohstoffe (BGR) berechnet Klaus-Peter Dahm, dass beim derzeitigen Verbrauch Braunkohle für weitere 4.400 Jahre, Steinkohle für 2.500 Jahre und Erdöl für mindestens weitere 100 Jahre in ausreichender Menge zur Verfügung steht.[9] Der Vollständigkeit halber sei erwähnt, dass von allen fossilen Rohstoffen die Erdgasvorkommen bzw. deren Kenntnis weltweit am schnellsten anwachsen.

Beim Thema Versorgungssicherheit dagegen sieht es bei den vielgepriesenen erneuerbaren Energien ganz anders aus. Es ist schlicht eine Binsenweisheit, dass bei Windindustrieanlagen und Solaranlagen Strom eben nur dann erzeugt werden kann, wenn der Wind weht oder die Sonne scheint. Umso unverständlicher, wenn der BUND auf seiner Internetseite die schnelle Abschaltung der Kernenergie und gleichzeitig damit verbunden die Abschaltung der Kohlekraftwerke fordert. Und dann? In Anbetracht des Fehlens nur ansatzweise geeigneter Großstromspeicher macht mich dieses Ansinnen ansonsten unauffälliger Zeitgenossen doch etwas fassungslos. Und leider, leider, anders als die liebe Annalena Baerbock von den unbeirrbaren Grünen glaubt, speichert das Netz den Strom genau so wenig, wie der Osterhase die Eier bringt. Die simple Wahrheit kann also nicht oft genug wiederholt werden. Wind und Sonne stehen frei zur Verfügung, aber eben nicht immer und jederzeit. Die Stromerzeugung über Wind und Sonne kann damit genauso gut auch null betragen, jederzeit und völlig unplanbar.

Deutschland hat im Durchschnitt 900 Sonnenstunden von 8.760 Stunden im Jahr. 7.960 Stunden im Jahr oder 90 % der Zeit ist die Stromerzeugung durch Solaranlagen entweder vernachlässigbar gering oder null und muss anderweitig realisiert werden. Im elektrischen Netz ist aber die Verlässlichkeit der Stromeinspeisung der wichtigste Parameter. Egal, wie hoch die sog. Nennleistung der derzeit knapp 30.000 in Deutschland betriebenen Windturbinen auch ist, bei einer Flaute beträgt die tatsächliche Leistung genau null. Es ist daher nicht verwunderlich, wenn Solar- und Windenergie nur 23 % zur Stromerzeugung in Deutschland beitragen. Schöne Meldungen wie, eine Windturbine könne 35.000 Haushalte versorgen, sind also nur eins: schöne Meldungen, weil diese Windturbine eben nur manchmal diese Haushalte versorgt. Da aber zu jeder Zeit die Stromversorgung gewährleistet sein muss, kann und muss der gesamte Strombedarf jederzeit von konventionellen Kraftwerken erbracht werden können. Erneuerbare Energien haben demnach keineswegs zu einer Reduktion der bereitgestellten Leistung konventioneller Kraftwerke geführt. Das Gegenteil ist der Fall. Konventionelle Kraftwerke, die schnell bereitstehen müssen, um die erheblichen Schwankungen der erneuerbaren Stromerzeugung ausgleichen zu können, lassen sich nicht beliebig schnell hochfahren aus dem abgeschalteten Betrieb. In der Folge laufen diese Kraftwerke im Stand-by-Modus, verbrauchen also völlig sinnfrei Rohstoffe, ohne Energie zu liefern. Darüber hinaus ist zunehmend Regelenergie nötig, um die Netzstabilität zu gewährleisten. Waren bis 2005 Regeleingriffe (Regelenergie, Management der Einspeisung, Lastenabschaltung) die Ausnahme, sind heute täglich mehrere Eingriffe ins Netz die Regel. Und daran wird sich auch in Zukunft ohne geeignete Speicher nichts ändern.

Eine weitere Folge dieses technischen Irrsinns ist die zeitweilige Überproduktion von Strom in Deutschland, der dann in Nachbarstaaten wie Frankreich verkauft wird. Nur trifft hier sozialistische Planwirtschaft auf freie Marktwirtschaft und da wird es, oh Wunder, teuer für den deutschen Stromkunden. Je mehr Strom auf dem internationalen Markt angeboten wird, desto billiger wird dieser. Im Extremfall bezahlt Deutschland dafür, dass der Strom abgenommen wird. 2017 erzielte eine Kilowattstunde an der Strombörse im Schnitt 3,4 Cent, während nach dem EEG die durchschnittliche Vergütung an die Erzeuger für erneuerbare Energien 16,2 Cent betrug. Für die Differenz zwischen den Einnahmen beim Export und der Vergütung der Stromerzeuger kommt einzig und allein der deutsche Stromkunde auf. Nicht unerwähnt bleiben sollte, dass 2017 laut Statista. de 55 Terrawattstunden Strom (55.000.000.000 Kilowattstunden) exportiert wurden. Wie dämlich – angesichts der damit verbundenen erheblichen Kosten – muss man eigentlich sein, um sich über steigende Stromexporte Deutschlands ins Ausland zu freuen? Wir, also Sie, liebe Leser und ich, wir zahlen, unabhängig davon, ob der Wind weht, die Sonne scheint oder auch nicht.

Das Klima kann man nicht schützen, die Umwelt schon

Gerne wird der erneuerbare Strom als grüner oder sauberer Strom bezeichnet. Die größte Absurdität bei dem ganzen Energiewende-Theater besteht für mich darin, dass jene vermeintlichen Klimaretter die eigene grüne Idee pervertieren, weil sie zur Zerstörung genau jener Umwelt aufrufen, die sie zu schützen vorgeben. Mit erstaunlichem ökologischen Gleichmut werden der Klimareligion Landschaftsschutz- und Waldflächen zum Bau von Windindustrieanlagen geopfert, wird das an den regenerativen Häckselmaschinen stattfindende Artensterben hingenommen und wird widerspruchslos Monokultur-Ackerbau mit für unser Ökosystem wertlosen Energiepflanzen betrieben.

Das Bundesamt für Naturschutz schätzt, dass bei der Windkraft bis zu einem Hektar pro Anlagenmast benötigt werden. Flächen, die zu großen Teilen dauerhaft versiegelt werden für Zufahrtstrassen, Stromtrassen und für die Bauarbeiten. Viele NABU-Landesverbände lehnen daher inzwischen einen weiteren Ausbau der knapp 30.000 Windturbinen ab. Auf der Seite windwahn.com sind 1.053 Bürgerinitiativen in Deutschland (Stand 26.03.2019) gelistet, die gegen die Industrialisierung unserer Natur Widerstand leisten. Insbesondere werden immer häufiger Genehmigungen für den Bau in geschlossenen Waldgebieten, oft mit alten Baumbeständen, erteilt. Allein im Gebiet des UNESCO Naturparks Odenwald haben sich über 30 Bürgerinitiativen gegründet, die gegen den „grünen" Raubbau an unserem Naturerbe vorgehen. Es ist nicht anders als grotesk zu bezeichnen, wenn auf der einen Seite im Hambacher Forst erbittert und mit großem medialen Echo gegen die Rodung für den Braunkohleabbau gekämpft wird. Aber nur ein paar Kilometer weiter im Aachener Münsterwald wird die Rodung großer Flächen für Windindustrieanlagen unkommentiert hingenommen.

Und von wegen sauberer Ökostrom! In den Windturbinen werden Seltene Erden wie Neodym und Dysprosium als Magnete verwendet. In einer einzigen 5-Megawatt-Turbine bis zu 800 Kilogramm! Beim Abbau dieser seltenen Erden, hauptsächlich in China, geht es ökologisch mehr als ruppig zu. Ganze Landstriche werden durch giftige Abfallprodukte und hochradioaktives Thorium, das als Nebenprodukt entsteht, ökologisch verwüstet. Neodym und Dysprosium sind übrigens auch für den Bau von E-Autos notwendig. Generell ist der Materialaufwand beim Bau von Windanlagen gigantisch: 6.300 Tonnen Stahlbeton für die Fundamente, tonnenweise Kupfer und riesige Mengen an Kohlefaserverbundstoffen. Ein Problem wird dann auch die Entsorgung dieser Giganten werden. Ein einfaches Zerkleinern und Verbrennen in Müllverbrennungsanlagen ist meist nicht möglich, da sie nicht für diese Stoffe ausgelegt sind. In einer online-Meldung vom 21.03.2019 gibt das Fraunhofer Institut zu, dass die Entsorgung der alten Anlagen, die demnächst verstärkt anstehen wird, noch völlig ungelöst ist. Bei den Solarmodulen sieht es nicht besser aus. Diese enthalten Blei und besonders in Dünnschichtmodulen das stark toxische und krebserregende Cadmium. Und weil die Verwendung inzwischen verboten, mindestens aber stark eingeschränkt ist, haben sich ausgerechnet die Grünen 2010, allen voran Hans-Josef Fell (damaliger Sprecher für Energiepolitik der grünen Bundestagsfraktion) dafür stark gemacht, Solarmodule explizit von der gültigen europäischen Schadstoff-Verordnung auszunehmen.[10] Neuere Studien beweisen, dass Cadmium und Blei, entgegen dem grünen Wunschdenken vom „guten" Gift, bei Beschädigungen leicht ausgewaschen werden können und im Grundwasser landen.

Während gerade in Bayern 1,7 Millionen Bürger ein Bürgerbegehren unterschrieben haben, das im Titel zur Rettung der Bienen aufruft, geht das Artensterben und wohl auch das Insektensterben an den Windindustrieanlagen munter weiter. Während man von den „Kollateralschäden" bei den Milan-, Schwarzstorch- und Fledermausbeständen zumindest weiß, dürfte die Information, dass Insekten tonnenweise den Tod an den Rotorblättern finden, für die meisten eher neu sein. Eine Studie vom Oktober 2018 des Deutschen Zentrums für Luft- und Raumfahrt zeigt auf, dass flugfähige Insekten in besorgniserregendem Maß mit Auswirkungen auf die gesamte Population von den Windkraftanlagen betroffen sind.[11] Insbesondere auf dem Hin- und Rückweg zu den entfernten Eiablageorten nutzen viele Insekten die schnellen Strömungen in großer Höhe. Dabei stehen den Wanderungsbewegungen immer öfter die Windturbinen im Weg. Die Verluste wirken sich besonders gravierend auf nachfolgende Insektengenerationen aus, da sie auf dem Weg zur Eiablage erfolgen. Schon jetzt werden in den Medien Stimmen laut, die dieser Studie Stimmungsmache vorwerfen. Was nicht sein darf, kann einfach nicht sein. Es wäre ja auch zu zynisch, dass genau die „Insekten-Partei", in der eine Katrin Göring-Eckhardt tränenerstickt trötet „wir wollen, dass […] jede Biene und jeder Schmetterling und jeder Vogel in diesem Land weiß: wir werden uns weiter für sie einsetzen" ihre krabbelnden und fliegenden Schützlinge gerade mit der ihnen eigenen rot-grünen Realitätsverweigerungs-Politik massakriert.[12]

Die E-Mobilität soll es richten

Was ist denn nur aus der angekündigten einen Million schöner, neuer Elektro-Autos geworden, welche die Regierung Merkel laut Nationalem Entwicklungsplan Elektromobilität von 2009 schon 2020 auf deutschen Straßen so gerne gesehen hätte? Daran haben auch die staatlichen Steuerelemente aus der sozialistischen Mottenkiste nichts geändert. Es wurden „Marktanreize" gesetzt und 1,2 Milliarden Euro zur Verfügung gestellt, um den Kauf von Elektro-Autos mit bis zu 4.000 Euro (je zur Hälfte vom Staat und dem Hersteller) Umweltbonus (!) zu bezuschussen. Die Elektro-Autos sind außerdem für 10 Jahre von der Kfz-Steuer befreit. Und ganz aktuell wurde vom Bundeskabinett beschlossen, dass die private Nutzung von Elektro-Firmenautos massiv steuerlich begünstigt werden soll. Aber anders als es so mancher intelligenzbefreite Politiker den Bürgern weismachen möchte, kommt das Geld dafür natürlich nicht vom Staat, weil der „gut gewirtschaftet" hätte, sondern vom Steuerzahler, dem es zuvor abgenommen wurde. Der Bürger zahlt für die eigene Ökobelehrung durch den Staat. Gute und innovative Technik überzeugt immer durch ihre Leistungsfähigkeit, ist marktfähig und benötigt keinerlei Subventionen.

Das mit der staatlichen Erziehung war nicht sonderlich erfolgreich. Bis 01.01.2019 waren gerade mal 83.175 Elektro-Autos und noch einmal 66.997 sogenannte Plug-in-Hybride in Deutschland registriert, deren Batterien[13] gerade mal eine Reichweite von 40 bis 50 Kilometer aufweisen. Bei derzeit ca. 47 Millionen Pkw entspricht der Anteil der E-Autos 0,32 %, und da sind die Plug-ins schon eingerechnet. Warum sollten Verbraucher auch für ein schlechteres Produkt mehr Geld bezahlen und kurze Reichweiten, lange Ladezeiten, ein kaum ausgebautes Ladestationen-Netz, kürzere Lebensdauer (abhängig von der Batterie) der Autos und dadurch deutlich geringere Wiederverkaufswerte akzeptieren?

Nur am Rande sei hier erwähnt, dass bisher für die La-
desäulen für E-Mobile eine Ausnahmegenehmigung von
der Preisangabenverordnung bestand. Das ist ab April 2019
geändert worden und bedeutet, dass ab diesem Zeitpunkt
korrekt nach der Stromabnahme abgerechnet werden muss.
Eigentlich eine Selbstverständlichkeit. Nicht so im kli-
mahysterischen Deutschland. Bisher wurde entweder nach
Standzeit an der Ladestation bezahlt oder gar mit einer
monatlichen Flatrate, die insbesondere die Vielfahrer be-
lohnte und subventionierte. Sie ahnen es, mit dem von Ihnen, dem Steuerzahler, unfreiwillig gespendeten Geld. Und
nun grämt man sich in München, dass bei den Ladesta-
tionen der Stadtwerke dann 55 Cent pro kWh (inklusive
Parkplatz, Infrastruktur etc.) fällig werden. Was ich ganz
hervorragend finde. Nicht nur, dass ich mit meinem ollen
Diesel günstiger fahre, sondern, dass die Klima-Ideologen
gefälligst selbst für ihre grüne Spinnerei bezahlen.

Derzeit sind eher die Elektrofahrzeuge die „Klimakiller"

Und das geht so: Derzeit beträgt der Stromverbrauch in
Deutschland etwa 648 Terrawattstunden pro Jahr (2016),
dafür sind 80 Gigawatt (GW) gesicherte Kraftwerksleistung
nötig. Tatsächlich beträgt die momentan in Deutschland
installierte Kraftwerksleistung über das Doppelte und setzt
sich zusammen aus 88 GW konventioneller Kraftwerksleistung (Atomenergie, Kohle, Gas), 13 GW Biomasse und
Wasserkraft und 104 GW (!) aus Wind- und Solarkraft.[14]
Rein rechnerisch wäre die riesige Leistung an erneuerbaren Energien sogar überdimensioniert, um bereits jetzt die

komplette Stromversorgung in ganz Deutschland zu über-
nehmen. Sie wäre es, wenn die Energie jederzeit bedarfs-
gerecht zur Verfügung stünde. Wir erinnern uns, das Netz
speichert keinen Strom! Strom, der jetzt benötigt wird,
muss jetzt bereitgestellt werden. Das Problem lässt sich
auch nicht beheben, indem man einfach mehr Leistung
aus erneuerbarer Energie installiert, also mehr Windindustrieanlagen baut, mehr Solaranlagen aufstellt. Etwas, was
uns Politiker mit Bildungslücken in Physik immer wieder
erzählen wollen. Aber mehr Windturbinen bedeuten bei
Flaute einfach nur mehr Windturbinen, die keinen Strom
produzieren und wenn Wind weht, mehr Strom, der ins
Ausland verschenkt werden muss, während die Stromkunden, also wir alle, teuer dafür bezahlen.

Korrekt ausgedrückt, erneuerbare Energie aus Sonne und
Wind ist nicht grundlastfähig. Tatsächlich tragen erneuerbare Energien aus Windkraft und Solarenergie nur zu 23
% zur Stromversorgung in Deutschland bei. Zu 70 % wird
der Strombedarf heute durch Atomenergie, Kohle, Erdöl
und Gas gedeckt (Energiestudie 2018 der Bundesanstalt für
Geowissenschaften und Rohstoffe, S. 33ff). Und an diesem
Verhältnis ändert sich nichts, wenn das schöne, neue E-Mo-
bil an der Ladestation die Batterie auflädt. 70 % des Stroms
in den E-Mobilen werden mit Kohle, Gas, Erdöl und Atomenergie erzeugt. Auch ohne Auspuff produziert das Elekt-
roauto somit Abgase und sogar mehr CO_2 als ein modernes
Auto mit Verbrennungsmotor. Für die gilt ab 2021, dass
der Ausstoß von CO_2 auf 95g/km im Flottendurchschnitt
begrenzt ist. Dagegen verursacht die Erzeugung einer Kilowattstunde Strom aus Kohle etwa 910 g CO_2.[15] Damit

kommt man im E-Auto gerade mal 4 bis 6 Kilometer weit. Übrigens wären allein zur Deckung des Strombedarfs von 45 Millionen Elektrofahrzeugen, das heißt bei Ersatz aller gegenwärtig vorhandenen Pkw mit Verbrennungsmotoren, ca. 31.000 zusätzliche Windturbinen mit einer Nennleistung von 5 MW nötig und 30 weitere (Kern-)Kraftwerke mit einer Leistung von je 1,4 GW zur Absicherung des extrem volatilen „Flatterstroms". Von den ökologischen Problemen bei der Batterieherstellung, die große Mengen an Rohstoffen – insbesondere Seltene Erden – verbraucht, sowie dem ungelösten Recycling-Problem ausgedienter Batterien ganz zu schweigen.

Aber am liebsten würden die Klimaretter sowieso die ganze leidige individuelle Mobilität abschaffen, und damit einen wesentlichen Bestandteil der persönlichen Freiheit und Unabhängigkeit des mündigen Bürgers. Das zumindest kann man dem neuesten Diktum der Eurokraten entnehmen. Gemeint ist damit die brandneue Entschließung des Europäischen Parlaments vom 13. März 2019 mit dem Titel „Ein Europa, das schützt: Saubere Luft für alle".[16] Darin heißt es unter anderem unter Punkt 21: „Das Europäische Parlament betont, dass aktive Formen der Fortbewegung wie Radfahren und Laufen unbedingt gefördert werden müssen, damit die Luftqualität verbessert wird" und unter Punkt 22: „stellt darüber hinaus fest, dass eine Infrastruktur für die sanfte Mobilität (Laufen, Radfahren, usw.) geschaffen werden muss, um den Menschen eine Alternative zum Straßenverkehr zu bieten". Während man selbst zur Rettung der Welt durch selbige jettet oder medienwirksam wie Frank-Walter Steinmeier mit dem Flugzeug Greta-Jünger besucht, damit auch etwas vom grünen Scheinheiligenschein abfärben möge, empfiehlt man dem tumben Plebs die eigenen Füße. Fahrrad predigen und Flugzeug fliegen, in moderner Abwandlung des bekannten Spruchs „Wasser predigen und Wein saufen", besser können sich moralische Möchtegern-Eliten und politische Gesinnungsethiker nicht demaskieren.

Wie lange wollen wir uns noch für dumm verkaufen lassen?

In einer zunehmend komplexen Welt bietet eine ideologisch rechthaberische Politik keine Lösungen, sie ist vielmehr das Problem. Statt Fehler einzugestehen, werden von in Wahlperioden denkenden Politikern staatliche Eingriffe, die nicht die gewünschte Wirkung zeigen, mit neuen weitergehenden und stärker einschneidenden Eingriffen „korrigiert". Wir können uns aber eine alternativlose Politik, die nicht angezweifelt werden darf, nicht leisten, ohne gleichzeitig den Wirtschaftsstandort Deutschland zu gefährden, und damit den über Generationen aufgebauten Wohlstand. Die deutsche Automobilindustrie sorgte mit 876.000 Beschäftigten und einem Umsatz von 331 Milliarden Euro im Jahr 2017 für 21 Prozent der Bruttowertschöpfung der deutschen Industrie. Sie steckt seit 2018 in einer nicht mehr zu leugnenden Rezession, bereits jetzt sind zehntausende Arbeitsplätze in Gefahr.

Angst ist bekanntlich ein schlechter Ratgeber. Statt hysterischer Klimarettung müssen wir zurückkehren zu einer sachorientierten Diskussion, die auf wissenschaftlichen Fakten und marktwirtschaftlichen Überlegungen beruht. Mit dem „Mut zur Wahrheit" werden uns auch in schwierigen

Situationen die richtigen Investitionen zum Erhalt unserer Zukunft gelingen. Dafür steht „meine" AfD.

1   www.infranken.de/ueberregional/klimakiller-nummer-eins-ein-kind-schadet-klima-mehr-als-24-autos;art55462,2772257

2   www.br.de/nachrichten/deutschland-welt/gruenen-politike-rin-fordert-friedensnobelpreis-greta-thunberg,RHJ6YkV

3   www.theeuropean.de/michael-klonovsky/15514-10-the-sen-zum-umgang-mit-dem-klimawandel

4   www.bmu.de/fileadmin/Daten_BMU/Download_PDF/Klima-schutz/paris_abkommen_bf.pdf

5   Klimasensitivität ist definiert als das Ausmaß der Temperaturerhöhung bei einer Verdoppelung der CO_2-Konzentration.

6   Vahrenholt, Fritz/Lüning, Sebastian (2012): Die kalte Sonne. Warum die Klimakatastrophe nicht stattfindet. Verlag Hoffmann und Campe

7   Berger, Wolfgang H.: Carbon Dioxide through Geologic Time: http://earthguide.ucsd.edu/virtualmuseum/climatechange2/07_1.shtml

8   www.galileo.tv/life/rauchzeichen-fuer-die-umwelt-kopenhagen-will-erste-co2-freie-stadt-werden

9   Dahm , Klaus-Peter (2016): Vom Klimawandel zur Energiewende. Eine umfassende Prüfung der zugrundeliegenden Annahmen. Verlag Dr. Köster

10 EU-Richtlinie 2011/65/EU „Restriction of Hazardous Substances" (RoHS) zur Beschränkung der Verwendung gefährlicher Stoffe in Elektro- und Elektronikgeräten

11 www.dlr.de/dlr/desktopdefault.aspx/tabid-10081/151_read-32941/#/gallery/33841

12 www.berliner-zeitung.de/politik/-setzen-uns-fuer-jede-biene-ein--twitter-spott-fuer-goering-eckardt-nach-bienen-aussage-28957572

13 www.kba.de/DE/Statistik/Fahrzeuge/Bestand/j%C3%A4hr-lich/pseudo_barometer_node.html

14 www.energy-charts.de/power_inst_de.htm

15 Im Durchschnitt wurden 2015 528 g CO_2 für 1 KWh Strom emit-tiert: www.umweltbundesamt.de/themen/klima-energie/energiever-sorgung/strom-waermeversorgung-in-zahlen?sprungmarke=Strom-mix#Strommix

16 www.europarl.europa.eu/doceo/document/B-8-2019-0156_DE.html

Christoph Birghan

Missbrauch von Bildung als Vehikel zur Schaffung einer „EU-Identität"

Denkt man als Deutscher an die Europäische Union, dann wird einem nicht zuerst das Thema Bildung in den Sinn kommen. Denn Bildung ist in Deutschland Sache der Bundesländer und schon der Bund hat dort wenig mitzureden. Aber man sollte sich nicht täuschen, die EU und die Brüsseler Eliten sind auch auf diesem Gebiet bemüht, ihre politische Agenda durchzusetzen. Der Bildungspolitik wird dabei in Zukunft eine Schlüsselrolle zukommen, gilt es doch, die vielfältigen regionalen und nationalen Identitäten in Europa durch eine „europäische" Identität abzulösen oder die gewachsenen Identitäten zumindest zu marginalisieren.

Wurzeln des deutschen Bildungswesens

Wenn man kommende Entwicklungen und ihre möglichen Auswirkungen abschätzen möchte, lohnt es sich oftmals, den Ist-Zustand zu betrachten. Die geltende Rechtslage im deutschen Bildungswesen spiegelt sich beispielhaft im folgenden Text wider:

(1) Die Schulen sollen nicht nur Wissen und Können vermitteln, sondern auch Herz und Charakter bilden.

(2) Oberste Bildungsziele sind Ehrfurcht vor Gott, Achtung vor religiöser Überzeugung und vor der Würde

des Menschen, Selbstbeherrschung, Verantwortungs-
gefühl und Verantwortungsfreudigkeit, Hilfsbereitschaft, Aufgeschlossenheit für alles Wahre, Gute und
Schöne und Verantwortungsbewusstsein für Natur
und Umwelt.

(3)   Die Schüler sind im Geiste der Demokratie, in der Liebe zur bayerischen Heimat und zum deutschen Volk
und im Sinne der Völkerversöhnung zu erziehen.

(4)   Die Mädchen und Buben sind außerdem in der Säug-
lingspflege, Kindererziehung und Hauswirtschaft besonders zu unterweisen.

Wie man unschwer aus dem dritten Absatz erkennt, sind
dies die in Artikel 131 der Verfassung des Freistaats Bayern
formulierten Bildungsziele. Die bayerische Verfassung war,
wie alle deutschen Landesverfassungen der Nachkriegszeit
und auch das Grundgesetz, als Antwort auf die die erste
Hälfte des 20. Jahrhunderts Europas beherrschenden totalitären Systeme und insbesondere als Gegenentwurf zum
Nationalsozialismus gedacht. Im Gegensatz zu den kollek-
tivistischen Weltanschauungen wird hier auf den Einzelnen
abgestellt, der als Teil einer Gemeinschaft auf einer festen
Wertegrundlage erzogen und gebildet werden soll.
Als eine weitere, quasi „negative" Reaktion auf die Totali-
tarismen des 20. Jahrhunderts entstanden eine Reihe von
dystopischen Romanen, welche die Frage der Stellung und
Haltung des Individuums in derartigen Systemen thema-
tisierten. Dabei lohnt ein Blick auf die drei bekanntesten
Dystopien:

- „1984" (erschienen 1949): Eine totalitäre Gesellschaft
  geprägt durch ständigen Krieg, Mangel, Sozialismus,
  Meinungsmanipulation und regulierter Sexualität;
- „Fahrenheit 451" (Erstveröffentlichung 1953): Auch
  hier herrscht Krieg, die Bevölkerung wird abgelenkt
  durch elektronische Massenmedien mit seichter, aber
  auch aggressiver Unterhaltung. Ansonsten gibt es staat-
  licherseits eine massive Bildungsfeindlichkeit, die im
  vollständigen Verbot von Büchern gipfelt;
- Schließlich, „Schöne neue Welt", das bereits 1932 er-
  schien und einen Weltstaat mit striktem Kastenwesen
  beschreibt, der durch Drogen, freien Sex, seichte Kultur und biotechnische Steuerung der Fortpflanzung
  seine Bürger ruhigstellt.

Betrachtet man die Bildungssysteme, die in diesen fiktiven
multinationalen Staaten beschrieben werden, so fällt auf,
dass dort Kinder frühzeitig im Sinne der herrschenden
Staatsdoktrin manipuliert und indoktriniert werden. Wenn
sie noch in Familien aufwachsen, wie in Orwells „1984",
werden sie sogar zur Überwachung ihrer Eltern angehal-
ten und durch frühe Teilnahme an staatlich organisierten
Aktivitäten ihrer Familie bewusst entfremdet. Es gibt nur
noch das dem Staat vollkommen ausgelieferte Individuum,
das staatlich definierte Kollektiv, aber sonst keine kulturell
geprägten Identitäten.

Der EU-Einheitsstaat braucht die EU-Identität

Wie in diesen Dystopien beschrieben, ist es für die voll-
ständige Identifikation eines Individuums mit einer

Organisation, wie dem angestrebten EU-Einheitsstaat, notwendig, dass andere Identitäten in den Hintergrund treten. In aktuellen EU-Umfragen zeigt sich jedoch, dass sich mit 57 % ein viermal so hoher Anteil der Befragten mit ihrem eigenen Land „sehr verbunden" fühlt wie mit der „Europäischen Union" (14 %) und auch mit „Europa" (18 %).[1] Man kann daher annehmen, dass die von der Europäischen Union finanzierten und organisierten Bildungsprogramme nicht von ungefähr das Ziel der Schaffung einer „europäischen", oder besser einer „EU"-Identität anstreben. Dabei wird in EU-Kreisen offenbar davon ausgegangen, dass die Ausbildung einer derartigen Identität Voraussetzung für die Schaffung einer europäischen Nation ist, die den angestrebten „Vereinigten Staaten von Europa" den notwendigen Rückhalt in der europäischen Bevölkerung geben sollen.

In dieser Hinsicht hat das Europaparlament schon 1984 die Forderung formuliert, „einen Rahmen zu schaffen, der den Bürgern zum Bewusstsein einer eigenen Identität der Union verhilft". Dementsprechend wurde 1992 im Artikel 126 des Maastrichter Vertrags die „Entwicklung der europäischen Dimension im Bildungswesen" als Gemeinschaftsaufgabe definiert. Dem wird in diesem Artikel des Maastrichter Vertrags folgendes vorangestellt:

„Die Gemeinschaft trägt zur Entwicklung einer qualitativ hochstehenden Bildung dadurch bei, dass sie die Zusammenarbeit zwischen den Mitgliedstaaten fördert und die Tätigkeit der Mitgliedstaaten unter strikter Beachtung der Verantwortung der Mitgliedstaaten für die Lehrinhalte und die Gestaltung des Bildungssystems sowie der Vielfalt ihrer Kulturen und Sprachen erforderlichenfalls unterstützt und ergänzt."

Obwohl die EU sich somit selbst zur Beachtung der nationalen Kompetenzen in der Bildung verpflichtet, spricht die tatsächliche Entwicklung jedoch eine deutlich andere Sprache.

Gleichmacherei durch die Bologna-Reform

Einer der ersten Schritte zur Schaffung einheitlicher Bildungsstandards in der EU war die Einführung des „Bologna"-Prozesses im Bereich der Hochschulen, was in Deutschland zu einer zumindest teilweisen Abkehr von dem Humboldt'schen Bildungsideal der Vereinigung von Forschung und Lehre führte. Dies hatte zum Ziel, eine erhöhte Akademikerquote zu erreichen und hat uns in der Folge Studiengänge beschert, die entweder von zweifelhafter wissenschaftlicher Qualität sind oder früher reine Ausbildungsberufe waren. 20 Jahre nach Beginn der Bologna-Reform ist die Bilanz durchwachsen. Die angestrebte Verkürzung der Studiendauer durch Einführung des Bachelors als berufsqualifizierenden Abschluss hat sich in der Realität oftmals als Wunschtraum herausgestellt, da dies in einigen Studiengängen (Rechtswissenschaften, Medizin) schlichtweg nicht praktikabel war, oder die nach dem Bachelor erreichte Qualifikation für Führungspositionen nicht ausreicht. Dementsprechend haben Absolventen, die lediglich über den Abschluss „Bachelor" verfügen, schlechtere Karriere- und Verdienstchancen und sind oftmals als „Generation Praktikum" an einem schnellen Aufstieg oder einer für die Familiengründung ausreichenden Beschäftigung gehindert. Und das, obwohl gerade in Deutschland gemäß dem „Bukarest-Kommuniqué" von 2012 die

„Beschäftigungsfähigkeit" in den Mittelpunkt der Bemühungen gestellt wurde.

Eine Rückkehr zu den vor „Bologna" geltenden Standards und deren Weiterentwicklung sollte daher kein Tabu sein. Eine Vergleichbarkeit von Studienabschlüssen lässt sich auch ohne Gleichmacherei erreichen.

Dramatischer sieht es jedoch in Südeuropa aus, wo zahlreiche Hochschulabsolventen keinen Arbeitsplatz finden oder in Berufen arbeiten müssen, die kein Studium erfordern.

Das deutsche Modell der dualen Ausbildung

Beachtlich ist, dass Deutschland mit der dualen Ausbildung immer noch ein leistungsfähiges, nicht-akademisches Ausbildungssystem besitzt und trotz einer deutlich niedrigeren und im EU-Vergleich unterdurchschnittlichen Akademikerquote die niedrigste Jugendarbeitslosigkeit in der EU aufweist.

Jugendarbeitslosigkeit in der EU, Januar 2019[2]

Griechenland:	39,1 %
Italien:	33,0 %
Spanien:	32,6 %
Frankreich:	20,1 %
EU-Durchschnitt:	14,9 %
Tschechien:	6,1 %
Deutschland:	6,0 %

Die duale Ausbildung in Unternehmen und Berufsschulen in Deutschland ist somit ein Erfolgsmodell, das gefragte Abschlüsse mit guten Verdienstmöglichkeiten für junge

Menschen bietet. In diesem Zusammenhang stellt sich die Frage, warum man von EU-Seite immer noch die Akademisierung vorantreiben möchte statt Konzepte wie die „duale Ausbildung" EU-weit und insbesondere in den Staaten mit der höchsten Jugendarbeitslosigkeit zu fördern. Auch wäre den arbeitslosen Jugendlichen in der EU vermutlich wirksamer geholfen, wenn es eine stärkere Förderung der deutschen Sprache in diesen Ländern gäbe, um sie fit für den deutschen Arbeitsmarkt zu machen. Die Tatsache, dass Europa – und insbesondere Deutschland – seit 2015 Millionen überwiegend geringqualifizierte junge Menschen aus Afrika und Asien aufgenommen hat und jetzt mit viel Mühe versucht, diese in den heimischen Arbeitsmarkt zu integrieren, lässt an einer „europäischen" Solidarität in diesem Bereich zumindest Zweifel aufkommen.

Dessen ungeachtet will die EU den Bologna-Prozess weiterentwickeln. Als Leuchtturmprojekt wird durch den französischen Präsidenten Macron in seiner am 26. September 2017 an der Pariser Sorbonne gehaltenen Rede („Initiative pour l'Europe") die Schaffung von 20 europäischen Universitäten propagiert, die – ähnlich den Bestrebungen bei Nationenbildungen in der Vergangenheit – offenbar der Heranbildung einer europäischen Elite dienen sollen.

Digitalisierung darf Lehrer nicht ersetzen

Da die Prägung des Menschen aber schon lange vor der etwaigen Aufnahme eines Hochschulstudiums erfolgt, liegt ein weiterer Ansatzpunkt der EU in der stärkeren Einflussnahme im frühkindlichen und schulischen Bereich. Eine besondere Rolle spielt dabei die sogenannte Digitalisierung. In der öffentlichen Diskussion werden beim Stichwort „Digitale Bildung" insbesondere die technischen bzw. infrastrukturellen Aspekte betrachtet, wo es in Deutschland und anderen EU-Mitgliedsstaaten sicherlich Nachholbedarf gibt. Dabei geht es bei der Digitalisierung aber gar nicht vorrangig um den Einsatz bestimmter Endgeräte oder Software. Diese sind lediglich die Werkzeuge für eine Neugestaltung im Bildungs- und Erziehungswesen, beginnend im frühkindlichen Bereich. Bildung und Erziehung sollen in Zukunft weitgehend auf digitale Weise erfolgen, was neben enormen Einsparpotentialen bei den Personalkosten natürlich auch die Möglichkeit der umfassenden und lückenlosen Steuerung sowie Überwachung der unterrichteten Kinder ermöglicht. Die beabsichtige Aufhebung des im Grundgesetz verankerten Kooperationsverbots zwischen Bund und Ländern im Bildungsbereich könnte dabei ein erster Schritt sein. Auf diese Weise bekäme der Bund direkten Zugriff auf die Bildungseinrichtungen der Länder.

Doch wie könnte „Digitalisierung" in der Schule aussehen? Im schlechtesten Fall wird der Schüler an digitalen Endgeräten von seiner Umwelt sozial isoliert und seine Tätigkeiten und der individuelle Lernerfolg werden von Algorithmen kontrolliert. Auf diese Weise eingesetzt, würde digitaler Unterricht einen Schritt in Richtung „Entmenschlichung" des Lernens bedeuten. Der Lehrer wird durch automatisierte und standardisierte Prozesse ersetzt. Lehrer wären nur noch Betreuer aber nicht mehr Vermittler der Inhalte. Alle Aspekte des Lernens, die auf der individuellen Interaktion zwischen Lehrer und Schüler beruhen, würden unmöglich.

Das Hinterfragen von Lerninhalten durch Schüler und Lehrer wäre zumindest erschwert. Wenn die Entscheidung über Lerninhalte ohne die Zwischeninstanz eines wissenschaftlich ausgebildeten Lehrers getroffen wird, ist wohl davon auszugehen, dass in noch stärkerem Maße als bisher ideologisch geprägte Lerninhalte, etwa in den Bereichen „Gender", „Klimawandel" oder eben auch „EU-Identität", vorherrschen, ohne dass diese sich der Diskussion in der Klassengemeinschaft stellen müssten.

Dazu kommt, dass es offenbar Bestrebungen gibt, diese Digitalisierung in die Hände internationaler Unternehmen zu legen, die damit quasi ein Monopol in diesem Bereich bekommen könnten. Es steht zu befürchten, dass, schon aus Kostengründen, es nicht nur eine Standardisierung der Hardware sondern auch bei den Inhalten geben wird. Die staatliche Institution „Schule" würde auf lange Sicht überflüssig.

Der Mensch als Mittelpunkt des Bildungswesens

Deswegen wenden wir uns gegen eine Digitalisierung, die allein den Interessen der in diesem Bereich tätigen Lobbyverbände und Unternehmen dient. Eine „Entmenschlichung" der Bildung darf es zum Wohl unserer Kinder nicht geben. Die Interaktion zwischen Lehrer und Schüler muss die Grundlage unseres Bildungssystems bleiben. In Schulen und Universitäten muss die verantwortungsvolle Anwendung von digitalen Medien erlernt und diese müssen sinnvoll eingesetzt werden. Die dafür notwendige Infrastruktur muss geschaffen werden, soll aber in öffentlichen Schulen immer unter staatlicher – nicht privatwirtschaftlicher – Kontrolle bleiben.

Insgesamt müssen im Bildungsbereich, unter Berücksichtigung begründeter wirtschaftlicher und staatlicher Interessen, der Mensch, seine Bedürfnisse und seine gewachsene Identität weiter im Mittelpunkt stehen. Dabei ist einem subsidiären Aufbau des Bildungssystems gegenüber allen gleichmacherischen Zentralisierungsbestrebungen der EU der Vorzug zu geben.

---

[1] Eurobarometer 89 vom Frühjahr 2018, S. 5: http://ec.europa.eu/commfrontoffice/publicopinion/index.cfm/Survey/index#p=1&instruments=STANDARD

[2] https://de.statista.com/statistik/daten/studie/74795/umfrage/jugendarbeitslosigkeit-in-europa/

Verena Wester

Kinder schützen –
Kinderehen und Vielehen verbieten

So wie Deutschland steht ganz Europa vor der wachsenden Herausforderung, durch massenhafte Zuwanderung aus Kulturkreisen mit einem teilweise inkompatiblen Wertesystem gesellschaftlich zerrissen zu werden. Während es in Großbritannien und Griechenland bereits anerkannte Formen und Institutionen der Scharia-Rechtsprechung gibt, spielen sich solche Entwicklungen in Deutschland noch im Schatten der öffentlichen Aufmerksamkeit und – außerhalb der AfD – weitgehend ohne eine kritische politische Debatte ab. Wenn es bei den migrationsbedingten Verschiebungen von Wertekoordinaten aber um Kinder geht, steht die Politik – hier auch auf europäischer Ebene – in der Pflicht, Entwicklungen frühzeitig zu stoppen, die das Kindswohl empfindlich gefährden und den Grundkonsens unserer freien und Menschenrechte achtenden Gesellschaften Europas aufzulösen drohen.

Kinderschutz hat Vorrang

Als EU-Abgeordnete werde ich mich für den Schutz unserer Kinder einsetzen. Kinderehen dürfen in Deutschland, wo sie zumindest offiziell illegal sind, und in jedem anderen Land der EU nicht geduldet werden. Jedes Kind hat ein Recht auf die freie Entfaltung seiner Persönlichkeit und ein Recht vor sexuellem Missbrauch geschützt zu werden.

Dieses Kinderschutzrecht hat Vorrang vor jeder Glaubens- und Religionsfreiheit. Kinderehen sind faktisch nichts anderes als ein vermeintlich kulturell bzw. religiös legitimierter Verkehr mit Pädophilen.

Im Jahr 2016 lebten in Deutschland 1.475 verheiratete ausländische Jugendliche unter 18 Jahren. Unter 14 Jahre waren hiervon 361 Kinder. Weitere 120 Kinder waren 14 oder 15 Jahre alt.[1] Seit dem offiziellen Verbot von Kinderehen im Juli 2017 ging die Zahl der offiziell registrierten Kinderehen um rund 80 % auf 299 registrierte Minderjährige im April 2018 zurück.[2] Es ist jedoch zu befürchten, dass viele Kinderehen nun informell geschlossen werden, um der Aufmerksamkeit des Staates zu entgehen.

Gerade Mädchen sind überwiegend von der frühen Zwangsverheiratung betroffen. Ihnen wird hierbei nicht nur seelisches- und körperliches Leid zugefügt, sondern ihnen werden auch die Bildungschancen, die ihnen in Deutschland und in Europa zur Verfügung stehen, genommen. Umso wichtiger ist es, dass wir den Missbrauch von Kindern, der durch massenhafte Zuwanderung aus anderen Kulturkreisen seit Jahren zu uns importiert wird, stoppen.

Wir dürfen keine falsche Toleranz denen gegenüber haben, die ihre Kultur und ihre Religion über unser Grundgesetz stellen. Wir müssen unsere Werte, unsere freiheitliche Grundordnung, die Errungenschaft der Gleichberechtigung zwischen Mann und Frau, mehr denn je nach außen tragen und deutlich machen, dass wir den scheinbar legitimierten Kindesmissbrauch durch Kinderehen nicht tolerieren und strafrechtlich verfolgen. Leidtragende werden sonst die Kinder sein.

Keine Akzeptanz von Vielehen

Ebenso sind Vielehen mit unserer Lebensweise und unserer Kultur in Europa nicht in Einklang zu bringen. Das Eingehen einer Vielehe ist in Deutschland gemäß § 172 StGB strafbar: „Mit Freiheitsstrafe bis zu drei Jahren oder mit Geldstrafe wird bestraft, wer verheiratet ist oder eine Lebenspartnerschaft führt und mit einer dritten Person eine Ehe schließt [...]". Die Aufnahme von Flüchtlingen bzw. Migranten in Deutschland hat unter anderem zu der Besonderheit geführt, dass sich teilweise Väter mit Kindern von verschiedenen Frauen hier befinden, mit denen sie nach islamischem Recht rechtskräftig verheiratet sind. Umgekehrt befinden sich islamische Kinder mit ihren Müttern im Ausland, deren Väter sich bereits mit einer oder mehreren Ehefrauen und deren Kindern in Deutschland aufhalten.

Vielfach wird von diesen Müttern und Vätern mit Verweis auf diese Umstände hier oder im Ausreiseland ein Antrag auf Familienzusammenführung gestellt, dem durch ein entsprechendes Visum der deutschen Botschaft mit Verweis auf das Kindswohl offenbar in einer Reihe von Einzelfällen stattgegeben wird. Dadurch wird allerdings ein Umgehungstatbestand geschaffen, der einer Legalisierung der Vielehe gleichkommt. Bereits aus verfassungsrechtlichen Gründen halte ich es für geboten Vielehen, auch wenn sie im Ausland geschlossen worden sind, in Deutschland nicht anzuerkennen, geschweige denn mittels Sozialleistungen zu fördern.

Verbot von Genitalverstümmelung

Darüber hinaus werde ich mich für ein Beschneidungsverbot von Kindern stark machen. Niemand hat das Recht aus religiösen Gründen kleine, unschuldige Kinder unwiederbringlich zu verletzen. Auch hier gilt, dass die Glaubensfreiheit nicht über dem Grundrecht auf körperliche Unversehrtheit stehen darf.

2017 lebten in Deutschland etwa 50.000 Frauen, die Opfer einer Genitalverstümmelung geworden sind. Zwischen 1.500 und 5.700 Mädchen sind von einer bevorstehenden Beschneidung bedroht. Dies ergibt sich aus einer empirischen Studie zur Genitalverstümmelung in Deutschland, die das Bundesfrauenministerium vorgestellt hat[3].

Die Genitalverstümmelung ist ein nach § 226a StGB mit Freiheitsstrafe belegtes, menschenverachtendes Verbrechen, das national wie auch international zu ächten ist. Kinderärzte können viel dazu beitragen, diese Verbrechen, die sie bei den regelmäßig durchzuführenden U-Untersuchungen von Kindern entdecken, zur Anzeige zu bringen. Ich fordere auch die Jugendämter auf, sich dem Schutz kleiner Mädchen viel stärker anzunehmen und sich ins Bewusstsein zu rufen, dass Genitalverstümmelung nicht nur physisches Leid und Elend über die Mädchen bringt, sondern die Opfer auch psychisch ein Leben lang darunter zu leiden haben.

Die Frauen Deutschlands und Europas haben es nach Jahrhunderten der Unterdrückung geschafft, dass sie gleichberechtigt und ohne Unterdrückung durch den Mann leben können. Diese großartige Errungenschaft müssen wir mit Stolz an unsere nächsten Generationen weitergeben. Die

Gleichberechtigung von Mann und Frau muss ausnahmslos von allen, die hier in Europa leben, geachtet werden. Die Freiheit und die Selbstbestimmung der Frau dürfen nicht durch patriarchale Kulturen wie die islamische, die durch die unkontrollierte Zuwanderung immer stärker in Europa Einfluss gewinnt, gefährdet werden.

Souveränität der EU-Mitgliedsstaaten erhalten

Angesichts der geschilderten, bereits unterschiedlich weit eskalierten Wertekonflikte in europäischen Gesellschaften wird offensichtlich, dass Nationalstaaten zur Absicherung der Demokratie für die Bürger unerlässlich sind. Sollte die Europäische Union je den verhängnisvollen Schritt unternehmen, die Türkei oder den zu 96% islamischen Kosovo in die EU-Staatengemeinschaft aufzunehmen, dann könnten die Bürger unseres Landes nicht mehr wirksam vor der wachsenden Einflussnahme islamischer Traditionen und folglich auch islamischen Rechts geschützt werden. Die Mitgliedsstaaten der Europäischen Union müssen ihre Gesetzgebungskompetenzen ohne einen überregulierenden Überbau beibehalten. Nationale Parlamente wie der Deutsche Bundestag dürfen nicht zum gesetzgeberischen Erfüllungsgehilfen Brüsseler Bürokraten werden, die von niemandem gewählt wurden. Ich möchte ein Europa der Vaterländer, die als Wirtschafts- und Interessengemeinschaft in Frieden zusammenarbeiten.

Die Grundlage jeglicher Demokratie ist jedoch der Schutz der Meinungsfreiheit. Sie ist für eine freiheitlich-demokratische Staatsordnung schlechthin konstituierend. Jeder zweite

Jugendliche sagt bei Islamthemen laut einer Forsa-Studie aus Angst vor Ausgrenzung nicht mehr öffentlich seine Meinung.[4] Die Meinungsfreiheit muss erhalten bleiben, niemand soll befürchten müssen wegen seiner Meinung diskreditiert zu werden. Die von gewissen, selbst ernannten „Eliten" definierte und medial zementierte „political correctnes" darf nicht die durch Art. 5 Abs. 1 GG garantierte Meinungsfreiheit auffressen. Der schleichende Prozess, dass nationale und seit der vom EU-Parlament beschlossenen Urheberrechtsreform nun auch europäische Vorschriften („Artikel 13") und Instrumente wie der Upload-Filter die Presse- und Meinungsfreiheit beschneiden, ist umgehend zu stoppen.

---

1   www.spiegel.de/panorama/gesellschaft/kinderehen-1475-minderjaehrige-in-deutschland-sind-verheiratet-a-1111624.html

2   www.welt.de/politik/deutschland/article177114952/Kinderehen-Zahl-geht-in-Deutschland-um-80-Prozent-zurueck.html

3   www.netzwerk-integra.de/startseite/studie-fgm

4   www.welt.de/vermischtes/article189665673/Umfrage-Jeden-vierten-jungen-Menschen-stoert-der-Bau-von-Moscheen.html

Rainer Rothfuß

Europa braucht eine Re-Migrationsagenda

Bezüglich der Zukunftsperspektiven der Europäischen Union warnt zynischerweise gerade der für die Destabilisierung des Nahen Ostens berüchtigte US-Geheimdienst CIA in seiner weltweiten Gefahrenanalyse 2018 vor einem Zerfall der EU:[1]

> „In den nächsten fünf Jahren wird Europa sich mit der Möglichkeit auseinandersetzen müssen, dass sich das europäische Projekt auflöst, während die Nachkriegsordnung durch Zuwanderungsströme aus der instabilen, oft bedrohlichen Peripherie und durch die Zwänge einer globalisierten Wirtschaft, die die ökonomische Ungleichheit verstärken, zunehmend unter Druck gerät."

„Migration" ist Priorität der EU-Kommission

Ganz oben auf schwimmt die Europäische Kommission auf der Zeitgeistwelle der globalen Migrationseuphorie und „bekräftigt nachdrückliche Unterstützung für [den] UN-Migrationspakt"[2] inmitten der in der zweiten Jahreshälfte 2018 zwischen den EU-Mitgliedstaaten aufreißenden Gräben um diese völkerrechtliche Selbstverpflichtung zur umfassenden Migrationsförderung. „Auf dem Weg zu einer Europäischen Migrationsagenda" erklärt die Kommission „Migration" zu einer ihrer höchsten „Prioritäten".[3] Die EU-Mitgliedstaaten sollen ihre Souveränität in der

Handhabung des Asylrechts an ein „Gemeinsames Europäisches Asylsystem" abgeben mit dem Ziel eines „belastbaren System[s] zur Verteilung der Asylbewerber auf die Mitgliedstaaten".

Die angeblichen Ziele der „Verringerung der Anreize für irreguläre Migration" und der „Sicherung der Außengrenzen" nimmt man einer EU nicht mehr ab, die erst auf Druck Italiens unter Salvini die Sophia-Schlepperdienste eingestellt und nun – auch auf Verlangen Seehofers hin – die Aufstockung des Frontex-Außengrenzschutzes von 1.300 auf 10.000 Sicherheitskräfte von 2020 auf 2027 vertagt hat. Beim Wort nehmen kann man die EU-Kommission aber sicherlich bei ihrer Zielsetzung, „angesichts des Bevölkerungsrückgangs" Europas „Attraktivität" für Zuwanderung zu erhöhen, indem „die Vorteile legaler Migration in den Herkunftsländern greifbarer" gemacht werden, „unter anderem durch die Erleichterung von Heimatüberweisungen". Diese haben Deutschland bereits 2017 einen ungesteuerten Mittelabfluss durch „Flüchtlinge" in doppelter Höhe der staatlichen BMZ-Entwicklungshilfeleistungen beschert.

Jugendarbeitslosigkeit egal, Migranten müssen her

Die EU-Kommission ist nicht Opfer, sondern treibende Kraft hinter der Etablierung des globalen Migrationsregimes, dem die eigentlichen Interessen der Bevölkerungen demokratischer Nationalstaaten nur lästig im Wege stehen. Sie finanzierte mit Steuergeldern ab 2007 eine „Experten"-Studie, in der angenommene Aufnahmekapazitäten für Migranten in die EU mit haarsträubenden Methoden berechnet wurden. So ergab das Ansetzen einer angeblich akzeptablen Bevölkerungsdichte für die EU von 1.000 Einwohnern pro Quadratkilometer (heutiger Wert 230 für Deutschland, 114 für die EU und 30 für Afrika) allein für Deutschland eine zusätzliche Aufnahmefähigkeit von 274.539.094 Migranten. Dieser Länderwert wird dann unter Einbeziehung des jeweiligen BIP für alle Mitgliedstaaten umgerechnet in einen „ausgewogenen" Verteilerschlüssel „im Geiste der Solidarität", zur Festlegung der jeweiligen nationalen „Aufnahmekapazität" für ankommende Migranten.[4]

Die in Südeuropa bis zu 39 %, regional auch bis zu 60 % von Jugendarbeits- und damit Perspektivlosigkeit geplagten jungen EU-Bürger hingegen scheinen die EU-Kommission wenig zu kümmern – ebenso wenig die Prognose renommierter Wirtschaftsforschungsinstitute, dass in den kommenden 20 Jahren ein Großteil der bisherigen Arbeitsplätze durch Roboterisierung und KI („Industrie 4.0") wegfallen werden. Wie kann man über „Bevölkerungsrückgang" klagen und die „Attraktivität der EU für Zuwanderung" aus Afrika und Asien erhöhen wollen, wenn man noch nicht einmal seiner eigenen Jugend ausreichende Zukunftsperspektiven bieten kann oder will?

Die deutsche Bundesregierung steigt bei dieser migrationspolitischen Geisterfahrt sogar ins Cockpit: Beim 2020 in Kraft treten sollenden Fachkräftezuwanderungsgesetz – das „modernste" weltweit, so Seehofer stolz – wird irrsinnigerweise die Vorrangprüfung für deutsche oder EU-Arbeitnehmer

bei der Jobvergabe und auch die Beschränkung der Zuwanderung auf Engpassberufe abgeschafft. Altmaier freut sich,
es „könnten pro Jahr 600.000 Erwerbstätige auf dem deutschen Arbeitsmarkt hinzukommen".[5]

Welche einende Motivation steckt hinter dem Konglome-
rat migrationseuphorischer Organisationen von den Indus-
trieverbänden über George Soros' Open Society Foundati-
on, den Mainstream-Medien, den karitativen Hilfswerken
und Amtskirchen bis hin zur EU und UNO? Aus demo-
grafischer, humanitärer, wirtschaftlicher, arbeitsmarkt- und
sozialpolitischer Sicht ist die erst illegale, dann „legalisierte"
Massenmigration nach Europa ein geradewegs in die Sackgasse bzw. in den Abgrund führender Ansatz.

Ungefragt werden unwissende Gesellschaften unter den
Vorwänden „Bevölkerungsrückgang", „Fachkräftemangel",
„Rentensicherung" und allen voran „humanitäre Hilfe" in
ein hochexplosives „Experiment" gelotst, das Europa schon
bis 2050 bis zur Unkenntlichkeit verändert und geschwächt
haben könnte. Der deutsch-amerikanische Politikwissen-
schaftler Yascha Mounk pries es in den ARD Tagesthemen
vom 20. Februar 2018 als „historisch einzigartiges Experiment, [...] eine monoethnische, monokulturelle Demokratie
in eine multiethnische zu verwandeln", „aber dabei kommt
es natürlich auch zu vielen Verwerfungen." Der Spiegel-Ver-
leger Jakob Augstein versuchte in einem propagandistischen
Kommentar vom 9. Juli 2018 bei seinen Lesern die nötige
Migrationsgläubigkeit für dieses „Experiment" zu fördern:
„Durch Einwanderung könnte Deutschland zum neuen,
besseren Amerika werden. Wir müssten uns nur von lieben

Gewohnheiten verabschieden – zum Beispiel vom Sozial-
staat, wie wir ihn kennen."[6] Allenfalls ein reicher Verleger
oder einer von über 4.000 EU-Beamten, von denen jeder
einzelne mehr verdient als der deutsche Bundeskanzler, kann
so urteilen. Für einen Pfandflaschen sammelnden Rentner,
der 40 Jahre ins Sozialsystem einbezahlt und Kinder erzogen
hat, ist es eine Frage des Überlebens.

Massenmigration bedroht unsere Sicherheit, nicht Russland

Während vom NATO-Mainstream gerne die alten Feind-
bildmuster des Kalten Krieges bemüht werden, ist aus real-
politischer Perspektive der im 21. Jahrhundert stetig an-
wachsende Migrationsdruck aus den bevölkerungsmäßig
exorbitant wachsenden Regionen Afrikas und Asiens die Si-
cherheitsherausforderung, die Europa ernste Sorge bereiten
sollte. Wie viele Migranten in den kommenden Jahrzehnten
in Europa ankommen werden, ist schwer vorherzusagen.
Die Internationale Organisation für Migration (IOM) der
UNO zählte 2015 bereits 244 Millionen Migranten weltweit. Das sind fast 100 Millionen mehr als noch 1990.[7] Der
UNO-Weltbevölkerungsbericht 2018 prognostiziert eine
Verdoppelung der afrikanischen Bevölkerung von 1,3 auf
2,6 Milliarden innerhalb von nur 32 Jahren, also bis 2050.[8]
Da sich die politische Stabilität angesichts sich – zumindest
relativ gesehen – stark verknappender Ressourcen in Afrika
weiter verschlechtern wird, geht die CIA schon bis 2035
von einem auch für Europa sehr bedrohlichen Szenario aus:
„Rund 75 bis 250 Millionen Afrikaner werden extremen

Wasserstress zu spüren bekommen – die wahrscheinliche
Folge sind Massenmigrationen". Laut einer Weltbank-
Studie von 2018 wird diese Entwicklung bis 2050 rund 86
Millionen „Klimaflüchtlinge" allein aus Subsahara-Afrika
in Bewegung setzen – in erster Linie nach Europa.[9]

Wahre Humanität: Hilfe nach dem „Proximitätsprinzip"

Die am stärksten Notleidenden können sich keine Flucht
nach Europa leisten. Wer wirklich den Bedürftigsten helfen
will, wer also die vorhandenen Mittel für Flüchtlingshilfe
nach humanitären Prioritäten und Wirksamkeitskriterien
verantwortungsvoll einsetzen will, muss einen realitätsnahen Ansatz wählen, der statt Migrationsromantik die viel-
schichtige Wirklichkeit im „globalen Dorf" berücksichtigt.
Verantwortungsvolle Hilfe muss nach dem Nähe- bzw.
„Proximitätsprinzip" – in Analogie zum Subsidiaritätsprinzip – erbracht werden, nicht nach dem Motto „Wer
sich den Schlepper leisten kann, dem helfen wir": Hilfe
für Menschen in Not sollte nur dann in größerer „Entfer-
nung" vom Herkunftsland geleistet werden, wenn sie in
direkterer „Nähe" zum Problemherd oder in den Nach-
barregionen nicht umsetzbar ist. Relevant sind räumliche,
kulturelle, ethnische, wirtschaftssystemische und zeitliche
Nähe für maßgeschneiderte Hilfelösungen nach dem Be-
dürftigkeitsprinzip. Zentrales Kriterium sind gute kulturelle und wirtschaftliche Integrationsmöglichkeiten am möglichst nahen vorübergehenden Zufluchtsort sowie leicht
realisierbare Rückkehrperspektiven, sobald der Problemherd als Fluchtursache erfolgreich beseitigt wurde. Nicht

hinnehmbar ist somit, dass sich Saudi Arabien bei der syrischen Flüchtlingskrise damit entschuldigt, man wolle sich keine politischen Konflikte ins Land holen, könne aber in Deutschland für die bessere Integration der migrierten Muslime gerne 250 zusätzliche Moscheen finanzieren.

Geradezu irrsinnig ist zugleich, dass die EU mit Unterstützung der Bundesregierung den Wiederaufbau Syriens durch Sanktionen und eine Blockade der diplomatischen Beziehungen behindert. Zeitgleich mit dem – Dank russischer Unterstützung – errungenen Sieg über den Islamischen Staat und über weitere islamistische Terrororganisationen läuft die Familienzusammenführung auf Hochtouren – nicht in Syrien, sondern in Deutschland! Leider ist die AfD die einzige im Bundestag vertretene Partei, die einen offiziellen Beschluss gefasst hat die inhumanen EU-Syriensanktionen zu beenden: „Die AfD betrachtet die Wirkung der EU-Sanktionen gegen Syrien mit großer Sorge", da sie „normale Syrer bestrafen und die Arbeit von Hilfsorganisationen fast unmöglich machen. [...] Im Interesse des deutschen und des syrischen Volkes rät die AfD nachdrücklich zu einer Aufhebung der Auflagen."[10]

Europa braucht eine ganzheitliche Re-Migrationsagenda

Grundlage für eine ganzheitliche, humanitäre Alternativstrategie zur allseits propagierten Massenmigration und für wirksame, wirklich humanitäre Hilfe nach dem Proximitätsprinzip sollten folgende essenziellen, aber leider häufig ignorierten Schritte und Maßnahmen sein:

1. Stopp militärischer Interventionen für Regierungsum-
   stürze in Herkunftsländern: Während die Irak-Interven-
   tion der NATO 2003 die Grundlagen für den 2012 von
   der DIA angekündigten und 2014 gegründeten Islamischen Staat[11] legte, sorgte das ebenso völkerrechtswid-
   rige Bombardement Libyens 2011 für das Öffnen der
   nach wie vor vom IS kontrollierten Migrationsschleuse
   aus Afrika im bis heute zerstörten, vormals reichen Erd-
   ölstaat. Diese menschenverachtende, ja kriminelle Ein-
   mischungspolitik muss sofort und für immer beendet
   werden.

2. Stopp von Waffenlieferungen (auch über Schlupflöcher)
   in Herkunftsregionen: Es gibt eine enge Korrelation zwischen dem Volumen der vom Westen exportierten Waffen in den Nahen Osten (rund 90 % aller Verkäufe in die
   Region) und der Anzahl der dort entwurzelten Flüchtlinge und Migranten. Kein EU-Wirtschaftswachstum
   und keine Steuereinnahmen aus solch kurzsichtigen
   Waffengeschäften können je den Schaden aufwiegen,
   der ethisch, menschlich und auch wirtschaftlich durch
   diese Verantwortungslosigkeit angerichtet wird.

3. Revision der EU-Außenhandelsabkommen und Eli-
   minierung destruktiver Agrarexportförderung: Durch
   hochsubventionierte Agrarexporte aus der EU nach Afrika und ungleichen „Freihandel" werden vielerorts lo-
   kale und nationale Märkte derart verzerrt, dass viele heimische Bauern und Fischer keine Chance mehr haben,
   ihren Lebensunterhalt in nachhaltigen, kleinräumigen
   Wirtschaftskreisläufen selbst zu bestreiten. Während

beispielsweise energieverschwendende Kühlflugzeuge tiefgefrorene, EU-subventionierte Hähnchenflügel nach Westafrika fliegen, propagiert die EU absurderweise die europaseitige Aufnahme von „Klimaflüchtlingen" im Rahmen des Globalen Pakts für Flüchtlinge als Lösung des „Problems Klimawandel" in Afrika.

4. Erneuerung der politischen und gesetzlichen Grundlagen für Asyl: Als die Genfer Flüchtlingskonvention 1951 unterzeichnet wurde, war die Zielsetzung der Schutz für verfolgte Individuen aus totalitären Staaten. Zwischenzeitlich wurde die Kommunikation und Mobilität durch technische Innovationen weltweit revolutioniert. Die globale Mobilität ist in ökonomische Reichweite weiter Teile der alle 10 Tage um eine Million Einwohner wachsenden Bevölkerung Afrikas und des Nahen Ostens gerückt. Die sozialstaatliche Rundumversorgung fast eines jeden illegal unter dem Vorwand der „Asylsuche" Eingereisten wirkt als unkontrollierbarer „Pull-Effekt" gegenüber weiteren Migranten aus ärmeren Ländern.

5. Verhandlung von Remigrationsabkommen mit Herkunftsstaaten: Es ist inakzeptabel, dass einzelne Herkunftsländer abgelehnte Asylbewerber nicht zurücknehmen. Die Bundesregierung muss – mit oder ohne Unterstützung der EU-Kommission – wirksame Rückkehrregelungen in sichere bzw. befriedete Herkunftsregionen aushandeln und konsequent umsetzen. Das Auszahlen hoher Rückkehrprämien seitens der Bundesregierung ohne Durchsetzung einer dauerhaften

Rückkehr der Nutznießer ist als pervertiertes „Heimaturlaubsgeld" strikt abzulehnen.[12]

6. Entwicklungshilfe neu definieren als Rückkehrhilfe: Statt einer „Entwicklungshilfe" für führende Industriestaaten wie China brauchen wir eine regional auf die wichtigsten Quellstaaten von Krisen- und Armutsmigration fokussierte Rückkehrhilfe. Während bislang korrupte und auch totalitäre Regime in den Herkunftsländern bei willfähriger Unterstützung westlicher Politik- und Rohstoffinteressen großzügig finanziert werden, sollte jegliche Hilfe der messbaren Erreichung transparenter Rückkehr- und Wiedereingliederungsziele dienen.

7. Start obligatorischer Rückführungsprogramme einschließlich Wirtschaftskooperation: Werden Rückführungsprogramme in bereits befriedete Staaten wie Eritrea und weitestgehend Syrien mit privatwirtschaftlichen Kooperationsinitiativen verknüpft, können die vertieften Wirtschaftsbeziehungen beiden Seiten nutzen. China macht es Deutschland mit einem rund hundertfachen Investitionsvolumen vor, wie auch afrikanische Staaten wertvolle Wirtschaftspartner werden können. Vor und nach der Rückkehr von Migranten spielen marktorientierte Ausbildungsprogramme eine zentrale Rolle für den Erfolg der Kooperation. In Deutschland kriminell gewordenen Migranten hingegen muss umgehend mit der gebotenen Konsequenz des Rechtsstaats begegnet und wirksame Abschiebemechanismen etabliert werden.

Der Weg hin zu einer ganzheitlichen Lösung der sich aktuell erst schrittweise abzeichnenden Migrations-Megakrise, die das Schicksal Europas im 21. Jahrhundert bestimmen wird, ist ein komplexer. Wichtig sind – angesichts fast drei Milliarden zusätzlicher Einwohner allein im benachbarten Afrika bis zum Jahr 2100 – Lösungen, die Probleme ganzheitlich angehen und nicht nur politisch kurzfristig opportun die Symptome behandeln. Europa darf seine hausgemachten Probleme von Facharbeiter- und Kindermangel nicht durch „Brain Drain" und „Human Mining" zulasten der armen Herkunftsstaaten von Migrationswilligen lösen. Massenhafte außereuropäische Zuwanderung darf nicht als Hilfsmittel zur schleichenden Demontage der demokratischen Nationalstaaten und ihrer kulturell nach wie vor relativ homogenen Staatsvölker missbraucht werden. Die Idee eines gesamteuropäischen Zentralstaats will angesichts einer durchschnittlich noch viermal so starken Identifikation der EU-Bürger mit ihrem jeweiligen Heimatland im Vergleich zur Identifikation mit der EU freilich nicht so recht zünden.[13] Das ist gut so, denn ohne demokratische Nationalstaaten, die im europäischen Rahmen freiwillig und friedlich kooperieren, würde die möglichst direkte Mitbestimmung der Bürger im großen Mahlwerk einer unüberschaubaren zentralistischen EU-Bürokratie mit Sicherheit untergehen. Demokratie und Freiheit sind zu hohe Güter um sie für eine in gefährlichem Maße undemokratische Konzeption eines Europastaats aufzuopfern.

---

1   CIA (2018): Die Welt im Jahr 2035: Gesehen von der CIA und dem National Intelligence Council. Verlag C.H.Beck, München.

2   https://ec.europa.eu/germany/news/20181114-kommission-be-kraeftigt-unterstuetzung-fuer-un-migrationspakt_de

3   https://ec.europa.eu/commission/priorities/migration_de

4   EU-Machbarkeitsstudie zur Flüchtlingsumsiedlung 2010: https://ec.europa.eu/home-affairs/sites/homeaffairs/files/e-library/docs/pdf/final_report_relocation_of_refugees_en.pdf

5   www.tagesschau.de/inland/migration-arbeit-spurwechsel-101.html

6   Jakob Augstein: „Einwanderung. Ein deutscher Traum"; www.spiegel.de/politik/deutschland/einwanderung-ein-deut-scher-traum-kolumne-a-1217379.html

7   IOM Weltmigrationsbericht 2018: https://publications.iom.int/system/files/pdf/wmr_2018_en.pdf

8   DSW Weltbevölkerungsbericht 2018: www.dsw.org/wp-content/uploads/2018/08/DSW-Datenreport-2018_final.pdf

9   Rigaud, K. Kumari et al. (2018): Groundswell: Preparing for Internal Climate Migration. World Bank, Washington, DC.: https://openknowledge.worldbank.org/handle/10986/2946

10 www.derfluegel.de/2018/07/04/ein-zeichen-setzen

11 Der US-Militärgeheimdienst DIA erkannte schon 2012 den im Entstehen begriffenen Islamischen Staat als wünschenswertes Instrument zum Sturz der Regierung Assad in Syrien: „Es besteht die Möglichkeit der Gründung eines […] salafistischen Fürstentums […] und das ist exakt, was die Unterstützermächte der Opposition wollen, um das syrische Regime zu isolieren […]. Dies schafft die ideale Atmosphäre um […] den Dschihad unter […] den Sunniten […] der arabischen Welt zu vereinen […]. ISI könnte einen Islamischen Staat ausrufen mithilfe der Vereinigung mit anderen Terrororganisationen": www.judicialwatch.org/document-archive/pgs-287-293-291-jw-v-dod-and-state-14-812-2

12 www.abendblatt.de/hamburg/article216623007/Auslaender-erhalten-Geld-fuer-Ausreise-und-kommen-wieder.html

13 Eurobarometer 89 vom Frühjahr 2018, S. 5: http://ec.europa.eu/commfrontoffice/publicopinion/index.cfm/Survey/index#p=1&instruments=STANDARD

Dr. Michael Adam wurde 1962 in Trier geboren und lebt in Berlin. Nach vierjährigem Militärdienst bei der Luftwaffe studierte Michael Adam Rechts- und Politikwissenschaft an der Universität Trier und legte 1994 sein Zweites Juristisches Staatsexamen beim Oberlandesgericht Koblenz ab. Seine Promotion zum „Dr. iur." erfolgte an der Universität Potsdam auf der Grundlage einer Dissertation zum europäischen Umweltrecht. Von 1995 bis 2013 war Michael Adam in der Energiewirtschaft tätig, ab 1997 als Leiter Umweltschutz und Genehmigungen, ab 2004 als Leiter Emissionshandel und ab 2008 als Geschäftsführer eines Unternehmens der Fernwärmeversorgung. Seit 2014 arbeitet Michael Adam als selbständiger Rechtsanwalt in Berlin. Für die AfD ist Michael Adam seit 2017 ehrenamtlich als Vorsitzender des Bezirksverbandes Berlin-Pankow tätig sowie als Regionalvorsitzender der Arbeitsgemeinschaft „Christen in der AfD". Dr. Adam kandidiert auf Platz 17 der bundesweiten Liste für die Europawahl 2019.

Prof. Dr. Gunnar Beck wurde 1966 geboren. Er studierte Politikwissenschaft, Philosophie, sowie Rechts- und Wirtschaftswissenschaften in Oxford, Münster, Heidelberg und London. Beck promovierte 1996 in Philosophie unter Professor Isaiah Berlin am Nuffield College in Oxford. Von 2000 bis 2010 arbeitete Gunnar Beck als Barrister of Law (Fachanwalt für EU-Recht) in der internationalen Anwaltskanzlei Herbert Smith und als Europarechtsberater des britischen Unterhauses. Er lehrt seit 2005 Europarecht und Rechtstheorie an der School of Oriental and African Studies der Universität London. 2016 wurde er zum Professor an der Universität Sussex ernannt. Seit 2014 ist Gunnar Beck Mitglied in der AfD und kandidiert auf Platz 10 der bundesweiten Liste für die Europawahl 2019.

Dr. Christoph Birghan wurde 1970 in Berlin geboren und lebt mit Ehefrau und drei Kindern im Landkreis Ebersberg im Großraum München. Nach einem Studium der Biologie in Berlin und Greifswald und anschließender Promotion in molekularer Virologie machte er eine Ausbildung mit begleitendem Studium zum deutschen Patentanwalt und European Patent Attorney. Seit 2007 ist Dr. Birghan als Patentanwalt in München tätig. Er ist Mitglied der AfD seit April 2013, Sprecher des bayerischen Landesfachausschusses 6 „Bildung, Wissenschaft, Kultur und Medien" und Mitglied des Bundesfachausschusses 6 mit gleich lautendem Themenschwerpunkt. Christoph Birghan kandidiert auf Platz 23 der bundesweiten Liste der AfD für die Europawahl 2019.

Dr. Nicolaus Fest wurde am 1. Juli 1962 in Hamburg geboren. Dem Studium der Rechtswissenschaften, der Refe-
rendarzeit und dem Zweiten Staatsexamen folgten beruf-
liche Tätigkeiten für das Auktionshaus Sotheby's, für die
Ebner Pressegesellschaft in Ulm und den Verlag Gruner +
Jahr. Ab 2001 war Dr. Fest für den Axel Springer Verlag
tätig, dort lange in der Chefredaktion von BILD, später bis
zum Oktober 2014 als stellvertretender Chefredakteur der
BILD am SONNTAG. Die Trennung von Springer erfolgte aufgrund eines islamkritischen Kommentars. Seitdem
ist Nicolaus Fest als freier Publizist tätig und tritt für die
Bewahrung der Meinungs- und Pressefreiheit ein. 2016 trat
er der AfD bei. Seit 2017 ist Nicolaus Fest Bezirkssprecher
der AfD Berlin Charlottenburg-Wilmersdorf und kandidiert auf Platz 6 der bundesweiten Liste der AfD für die
Europawahl 2019.

Maximilian Krah wurde am 28. Januar 1977 in Räckelwitz (sorbisch Worklecy) in der sächsischen Oberlausitz, geboren und ist Partner einer Rechtsanwaltskanzlei in Dresden. Er hat sechs Kinder, ist verwitwet und lebt wieder in einer glücklichen Partnerschaft. Er hat in Dresden Jura studiert, in Rechtswissenschaften promoviert und ist Absolvent des Global Executive MBA-Programms der London Business School und der Columbia Business School New York. Bis 2016 war Krah Vorstandsmitglied der Dresdner CDU, bevor er im selben Jahr in die Alternative für Deutschland eintrat. Dr. Maximilian Krah ist stellvertretender Landesvorsitzender der AfD-Sachsen und kandidiert auf Platz 3 der bundesweiten Liste für die Europawahl 2019.

Joachim Kuhs wurde am 25. Juni 1956 geboren. Nach 25 Jahren beruflicher Tätigkeit als Rechtspfleger in der Justiz Baden-Württemberg, wechselte er vor 16 Jahren in die Finanzkontrolle Baden-Württemberg. Aktuell ist Oberregierungsrat Joachim Kuhs Referatsleiter beim Staatlichen Rechnungsprüfungsamt Freiburg. Als Vater von zehn Kindern ist er zudem Gemeindeältester einer unabhängigen Anglikanischen Kirche in Baden-Baden, die in die örtliche Flüchtlingsarbeit eingebunden ist. Die Unterstützung von Waisenkindern und benachteiligten Roma-Familien in Rumänien sind Joachim Kuhs seit über 25 Jahren ein besonderes Anliegen. Im März 2013 trat er in die AfD ein, wurde 2018 als Schriftführer in den Bundesvorstand gewählt, ist Mitglied des Landesvorstandes Baden-Württemberg und stellvertretender Vorsitzender im Bundesvorstand der „Christen in der AfD". Kuhs kandidiert auf Platz 11 der bundesweiten Liste der AfD für die Europawahl 2019

Dr. Sylvia Limmer wurde am 8. Februar 1966 in Bayreuth geboren, ist verheiratet und hat zwei Kinder. Nach dem Abschluss eines Promotionsstudiums war sie in einem Biotech-Start-Up tätig, das auf die Entwicklung von Verfahren und Medikamenten (RNAi-Therapeutika) zur gezielten Hemmung bestimmter Gene spezialisiert war. Im Unternehmen war sie als Leiterin der Abteilung Zellbiologie mitverantwortlich für Kooperationen mit Industrie und Universitäten. Aus dieser Zeit resultieren Beteiligungen an internationalen Patenten. Nach einer mehrjährigen Kindererziehungspause hat sich Sylvia Limmer mit einem eigenen Unternehmen selbständig gemacht und im Alter von 40 Jahren mit dem Studium der Veterinärmedizin begonnen, das sie erfolgreich mit Staatsexamen und Approbation abgeschlossen hat. Limmer ist Mitglied der AfD seit 2016, stv. Vorsitzende des Kreisverbands Bayreuth, Schriftführerin im Landesfachausschuss 7 Umwelt sowie Mitglied im Bundesfachausschuss 7. Sie kandidiert auf Platz 9 der bundesweiten Liste der AfD für die Europawahl 2019.

Prof. Dr. Jörg Meuthen wurde am 29. Juni 1961 in Essen geboren. Er ist verheiratet und hat fünf Kinder. Nach dem Studium zum Diplom-Volkswirt an der Universität Mainz und der Promotion in Köln war er von 1993 bis 1996 Referent für Grundsatzfragen der Wirtschafts- und Finanzpolitik des Hessischen Ministeriums der Finanzen. Seit 1996 ist er als Professor für Volkswirtschaftslehre an der Hochschule für öffentliche Verwaltung Kehl tätig. Darüber hinaus hatte er ständige Lehraufträge in Volkswirtschaftslehre an den Verwaltungs- und Wirtschaftsakademien Karlsruhe und Offenburg. Seit Juli 2015 ist Jörg Meuthen einer von zwei Bundessprechern der Alternative für Deutschland. Seit Ende 2017 ist Professor Meuthen Mitglied im Europäischen Parlament und stellvertretender Fraktionsvorsitzender der EFDD (Europa der Freiheit und der Direkten Demokratie). Er ist Spitzenkandidat der AfD für die Europawahl 2019.

Dr. Rainer Rothfuß wurde am 19. April 1971 in Freudenstadt im Schwarzwald geboren und studierte Geographie der Entwicklungsländer, Politikwissenschaft und Raumordnung und Entwicklungsplanung an den Universitäten von Tübingen, Stuttgart und Mérida (Venezuela). Rothfuß ist nach Berufstätigkeit in Industrie und europäischer Programmverwaltung seit 2004 als selbständiger Berater für transnationales Projektmanagement und als Geopolitik-Analyst tätig. Er promovierte 2006 über globale Städtenetzwerke als Instrument der kommunalen Entwicklungszusammenarbeit. Von 2009 bis 2015 lehrte Rothfuß an der Universität Tübingen als Professor für Politische Geographie und Entwicklungsländerforschung mit den Fachschwerpunkten Geopolitik, Konfliktforschung, Christenverfolgung und nachhaltige Entwicklung sowie innovative Verkehrskonzepte. Er initiierte 2016 die internationalen „Druschba"-Friedensfahrten nach Russland und erhielt dafür 2018 den Bautzener Friedenspreis. Dr. Rainer Rothfuß kandidiert für die Europawahl 2019 auf Platz 21 der bundesweiten Liste der Alternative für Deutschland.

Dr. Verena Wester wurde am 28. Januar 1980 in Solingen geboren. Sie ist verheiratet und Mutter eines Sohnes. Die gelernte Bankkauffrau absolvierte ein Studium der Rechtswissenschaften an der Ruhr-Universität Bochum und war als wissenschaftliche Mitarbeiterin am Lehrstuhl für Öffentliches Recht tätig. Das zweite Staatsexamen legte sie im Jahr 2009 ab. Nach einem Erziehungsurlaub war Verena Wester von 2014 bis 2017 an der Fachhochschule für öffentliche Verwaltung NRW als Dozentin für allgemeines Zivilrecht tätig und promovierte zeitgleich an der Universität Bielefeld. Die Juristin führt ihre eigene Anwaltskanzlei in Solingen und ist als wissenschaftliche Mitarbeiterin eines Bundestagsabgeordneten tätig. Ehrenamtlich bekleidet sie die Ämter der Sprecherin des nordrhein-westfälischen Landesfachausschusses 11 für „Kultur, Wissenschaft und Forschung" und der Kreissprecherin der AfD Solingen. Dr. Verena Wester ist seit Juni 2013 Mitglied in der AfD und kandidiert auf Platz 13 der bundesweiten Liste für die Europawahl 2019.

Bernhard Zimniok wurde am 21. Mai 1953 geboren, ist seit 44 Jahren verheiratet und hat einen erwachsenen Sohn. Er absolvierte eine Lehre als Radio- und Fernsehtechniker, erlangte das Abitur auf dem zweiten Bildungsweg und studierte Nachrichtentechnik bei der Bundeswehr mit den Abschlüssen Dipl.-Ing. (FH) Elektrotechnik und Ing. Arbeitssicherheit. Nach 15 Jahren schied Zimniok als Oberstleutnant aus dem aktiven Truppendienst aus. Er war im Anschluss an der Deutschen Botschaft in Damaskus und in Islamabad zuständig für den Bereich Politik und Sicherheitsfragen sowie Mitglied im Board of Directors an der International School of Islamabad. Danach gründete er eine eigene GmbH mit Schwerpunkt Behördengeschäfte, Kryptotechnik und Software für Großprojekte militärischer und ziviler Art. Drei Jahre war er zuständig für PPP-Projekte für Photovoltaik und Wasserkraftwerke in Afrika. Zimniok ist Mitglied der AfD seit 2015 und kandidiert auf Platz 5 der bundesweiten Liste der AfD für die Europawahl 2019.

Weitere AfD-Kandidaten
für die Europawahl am 26. Mai 2019

Listenplatz, Name	AfD-Landesverband
[2] Guido Reil	Nordrhein-Westfalen
[4] Lars Patrick Berg	Baden-Württemberg
[7] Markus Buchheit	Bayern
[8] Christine Anderson	Hessen
[12] Erich Heidkamp	Hessen
[14] Thorsten Weiß	Berlin
[15] Dr. Hagen Brauer	Mecklenburg-Vorpommern
[16] Martin Schiller	Nordrhein-Westfalen
[18] Uta Opelt	Nordrhein-Westfalen
[19] Dr. Hans-Thomas Tillschneider	Sachsen-Anhalt
[20] Mike Moncsek	Sachsen
[22] Julian Flak	Schleswig-Holstein
[24] Christian Waldheim	Schleswig-Holstein
[25] Dietmar-Dominik Hennig	Baden-Württemberg
[26] Dr. Rolf Böhnke	Nordrhein-Westfalen
[27] Jonas Dünzel	Sachsen
[28] Hakola Dippel	Hessen
[29] Detlef Ehlebracht	Hamburg
[30] Rebecca Weißbrodt	Baden-Württemberg

Europawahlprogramm der AfD:
www.afd.de/europawahlprogramm